AF603502

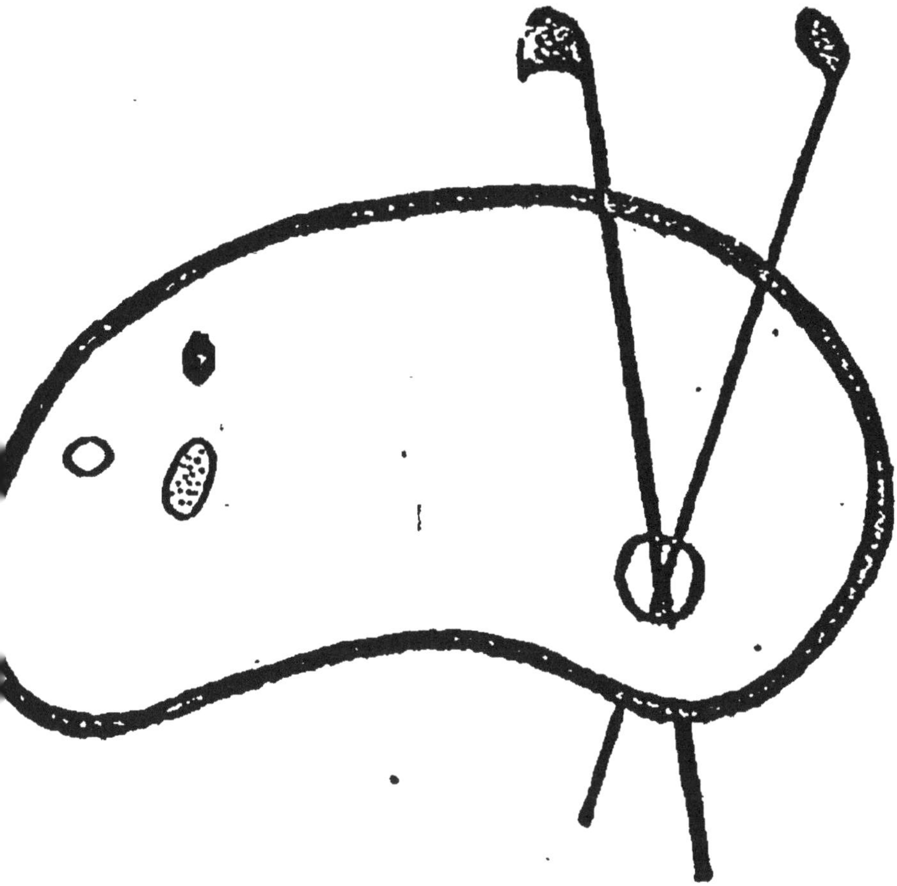

LE MOZAMBIQUE

PAR

ALMADA NEGREIROS

PARIS
AUGUSTIN CHALLAMEL
Éditeur,
LIBRAIRIE MARITIME ET COLONIALE
17, Rue Jacob

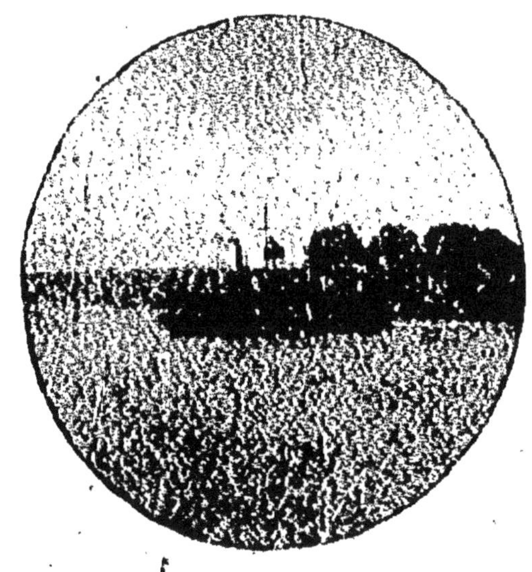

Fleuve Limpôpo

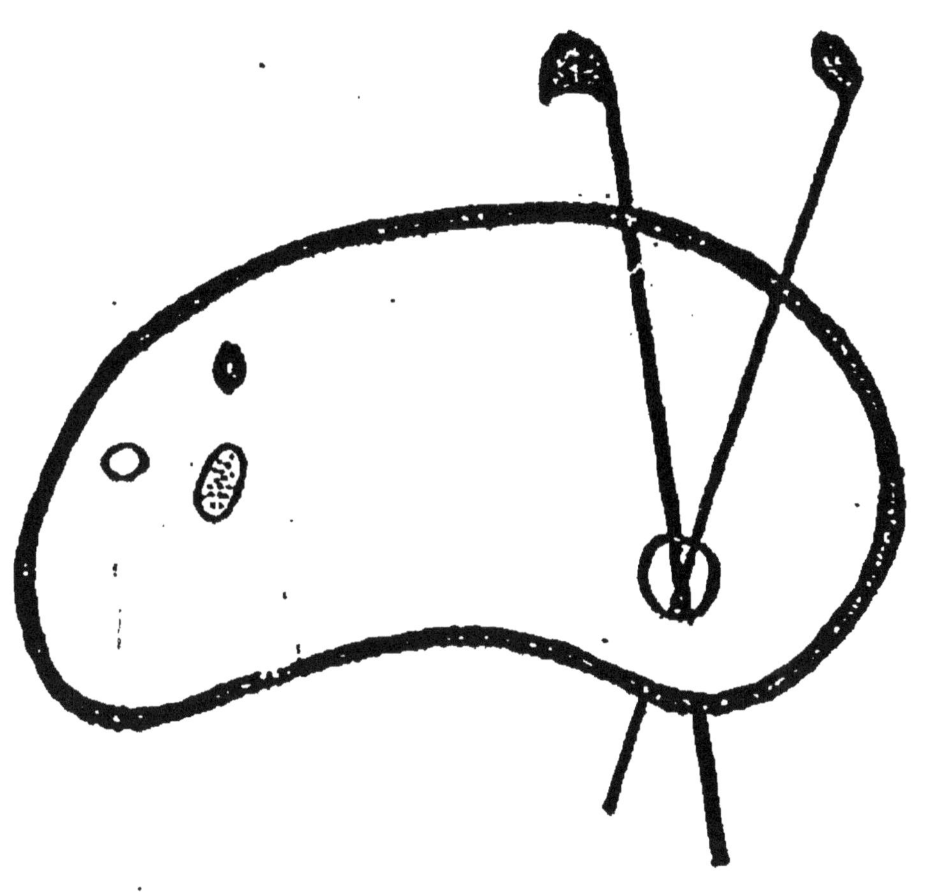

FIN D'UNE SERIE DE DOCUMENTS
EN COULEUR

LE MOZAMBIQUE

DU MÊME AUTEUR

L'Ile de San-Thomé .... 1 vol.

L'Angola .... 1 —

La Main-d'Œuvre en Afrique .... 1 —

Colonne Commémorative (*Padron*) de Diogo Cão .... 1 —

L'Épopée Portugaise .... 1 —

Paris, Augustin Challamel, Librairie Maritime et Coloniale, 17, rue Jacob.

Lisbonne, Librairie Bertrand, rue Garrett.

SOUS PRESSE :

Le fonctionnarisme dans les Colonies Latines. 2 vol.

ALMADA NEGREIROS

LE MOZAMBIQUE

(*Ouvrage honoré d'une souscription du ministère de la Marine et des Colonies de Lisbonne.*)

AVEC CARTES ET GRAVURES HORS TEXTE

(Clichés extraits de la *Dépêche Coloniale Illustrée*).

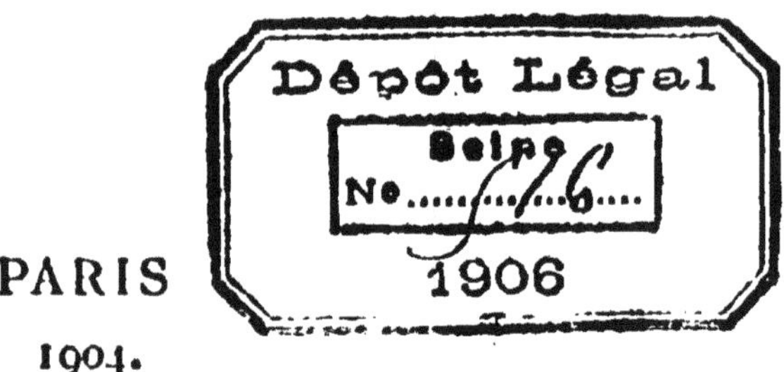

PARIS

1904.

AUGUSTIN CHALLAMEL

LIBRAIRE-ÉDITEUR

Librairie Maritime et Coloniale

17, Rue Jacob

AVANT-PROPOS

Pour de nombreuses raisons d'ordre historique, géographique et commercial, c'est la colonie du Mozambique, parmi les colonies portugaises, qui est la plus connue — au moins de nom — dans tout le monde colonial. Elle est même si connue, qu'on l'a souvent confondue avec les possessions limitrophes appartenant à d'autres puissances coloniales (1).

Le Mozambique ayant marqué la première étape de la grande route maritime suivie par Vasco da Gama vers les Indes, ce fait, d'une importance historique capitale, a contribué encore, plus que tout autre, au désir d'étudier cette contrée, qu'ont parcourue, en y laissant des vestiges profonds de leur passage, les principaux colonisateurs du monde moderne, — Portugais, Français, Anglais, Hollandais. Le Mozambique, avec ses *padrons*, (colonnes commémoratives érigées le long de la côte par les navigateurs portugais), ses

(1) Jusqu'en 1890, presque tout le commerce du Mozambique se faisait avec l'étranger et, plus particulièrement, avec la France et l'Angleterre ; ce qui a contribué, d'abord à la plus vaste notoriété de cette possession, et a fait naître ensuite le désir de la faire rentrer directement dans la sphère d'influence... de l'étranger.

Le Mozambique a exporté, en 1870 encore, à la direction du port de Marseille, pour 2.200.000 fr. de produits indigènes. (*Rapport des consuls de Portugal*, 1871.)

antiques forteresses, ses innombrables reliques religieuses, est le monument le plus mémorable qu'un grand peuple de navigateurs et de héros ait jamais élevé sur la route même qui l'a conduit à une impérissable gloire.

Ces régions nous rappellent Vasco da Gama, en route pour Calicut (le Calcutta d'aujourdhui) ; Bartholomëu Dias, succombant en vue du cap de Bonne-Espérance qu'il a découvert ; et tous les noms conservés par l'histoire initiale de la colonisation moderne, — qui est l'histoire portugaise du XVe et du XVIe siècles.

Plus que vers l'Angola, les yeux des navigateurs portugais se tournaient alors vers le Mozambique. Et, quand de leur propre chef ils n'y allaient pas, courant insoucieusement à une mort presque certaine, dans le but d'agrandir les territoires de leur patrie, ils y étaient jetés, soit par la tempête, soit par les courants maritimes, poussés invinciblement par cette fatalité incoërcible des choses initiales, qui ne donne la renommée et la gloire qu'au prix des plus grands, des plus inconcevables dangers. Sur tout le littoral du Mozambique, on voit encore, après quatre siècles d'occupation, les reliques ineffacées de cette lutte épique, qui aboutit à faire de Lisbonne la métropole du monde commercial de jadis, et des Portugais les plus intrépides des navigateurs de tous les temps.

Dans une situation unique, sur la grande route des mers, le Mozambique a subi, à travers les vicissitudes de la politique mondiale, les conséquences même de cette situation privilégiée. La petite nation qui s'y est établie depuis des siècles, a eu à lutter contre la puissance des colons étrangers, façonnés à de plus modernes écoles. A travers la transformation opérée sur la carte du monde par ce qu'on appelle « le partage de l'Afrique » ; au milieu des ambitions de ceux qui prétendaient succéder aux fondateurs des nouvelles sociétés africaines ; le Portugal a maintenu, haut et droit, son vieux et glorieux drapeau, dans ces régions qu'il a arrosées du sang de ses héros et de la sueur de ses colons ; et, à l'antique fièvre des découvertes et des conquêtes, a succédé, dans ce petit pays, la nécessité impérieuse du travail, le besoin de consolider matériellement l'œuvre entreprise par les pionniers des croisades initiales du monde actuel. Autour de cette vaste colonie, — où exista Ophir, — se sont établis plus tard les chercheurs d'or étrangers et les aventuriers de tous pays. La carte de l'Afrique, — surtout celle de l'Afrique Australe, — a subi des modifications sensibles, — pas toujours justes ni nécessaires, — que l'histoire a enregistrées déjà. Mais le drapeau portugais y flotte encore, comme un symbole de gloire et un souvenir ineffaçable de quatre siècles d'entreprises trop vastes pour un pays disposant de si faibles ressources.

La baie de Lourenço-Marquès, ce grand *emporium*, ce vaste entrepôt du commerce du Sud africain, a attiré, depuis plus de vingt-cinq ans, l'attention du monde colonial : D'abord par les convoitises connues, (trop justifiées d'ailleurs par la valeur de la proie) ; ensuite par le dénouement d'une guerre sanglante, dont ce grand port du Mozambique a été, pour ainsi dire, la vaste avant-scène, menacée de l'envahissement des protagonistes d'un drame épouvantable, — dernier acte, sans doute, du cycle terrible des luttes... civilisatrices de l'Afrique. De l'insistance avec laquelle on a toujours parlé de l'aliénation de cette grande possession portugaise, on peut déduire l'intérêt qu'elle suscite toujours dans le monde colonial universel. Cette curieuse possession, où planent encore tant de légendes, — et qui fut peut-être le théâtre des pérégrinations des armées de Salomon à la recherche de l'or de Sofala (1), — n'est cependant connue du monde moderne, que sous le jour de la faiblesse matérielle du pays qui la possède et, par conséquent, par ses côtés les plus éloignés de la vérité. Pour quelques-uns, le Mozambique n'est qu'une légende et un simple « padron » de gloire éloignée, — presque effacée déjà.

Faire connaître cette colonie à ceux qui s'intéressent au mouvement colonial général ; la faire connaître avec des chiffres officiels à l'appui ; — tel est le but de ce travail, qui n'est qu'un recueil ou plutôt une coordination d'éléments épars sur un sujet de si brûlante actualité. Après la lecture de ces documents, dont l'importance s'affirme d'elle-même, il restera indéniablement démontré : que le Portugal est le pays classique de la colonisation, — le pays initiateur de la croisade colonisatrice ; le porte-étendard initial de la civilisa-

(1) Les savants les plus célèbres et les plus érudits du monde entier ont cherché à retrouver la place géographique exacte de la région d'Ophir, l'*Eldorado* où le roi biblique se rendit, sur les indications de la reine de Saba. Quelques auteurs portugais (Frère João dos Santos, *Ethiopie Orientale* ; Francisco de Sousa, *Orient Conquiert*), placent volontiers Ophir dans le district de Sofala, région très riche, comme on sait, en mines d'or et de diamants. Plusieurs auteurs étrangers ont émis des opinions analogues. (Voir p. 15).

tion européenne dans les pays barbares. Le Portugal prouvera ainsi que, s'il a su découvrir et conquérir des mondes inconnus, il est encore digne de sa mission séculaire, en les conservant dans la paix productrice du travail, et en les entretenant, par un suprême effort national, à la hauteur de sa renommée et des exigences de notre époque... utilitaire. Et, dans l'histoire de tous les peuples, la preuve d'une vitalité si forte et si... ancienne, n'est sans doute pas la moindre des gloires pour un pays qui n'en est plus à les compter. L'histoire n'est pas seulement un exemple profitable ; elle est aussi le stimulant des entreprises glorieuses ; elle pousse dans le présent à la réalisation d'idées qui soient le corollaire indispensable des actes du passé. Glorifier, consolider, le passé historique, c'est donc continuer la vie de l'histoire. Et c'est ce que le Portugal a fait, surtout au Mozambique comme on le verra dans les pages qui suivent.

Paris, juillet 1904.

Historique

I

L'Ile de Mozambique a été découverte par Vasco da Gama le 1er mars 1498, alors qu'il faisait route vers les Indes.

La flotte de Vasco da Gama se composait des *näus Saint Gabriel* et *Saint Raphaël*, commandées par Paulo da Gama, de la caravelle *Berrio*, sous le commandement de Nicolau Coelho, et d'un transport de vivres et de munitions. Cette petite escadre était composée d'un équipage qui n'atteignait pas 160 hommes.

Le vaisseau trois-mâts, *Saint Gabriel*, à bord duquel se trouvait Vasco da Gama, jaugeait 100 tonneaux. Il avait une longueur de 28 m. 60, et il était armé de 20 canons (1).

L'île de Mozambique fut le premier établissement des Portugais sur la côte orientale d'Afrique, mais sa vraie fondation ne date que de 1505 (2);

---

(1) Voir « *Le Vaisseau Saint Gabriel* », par Baldaque da Silva, Paris 1900.

(2) Le 4 mai 1505 arriva à Sofala — le pays d'Ophir — le premier capitaine de ces territoires, Pero d'Anhaya qui y

et pendant longtemps il resta l'escale forcée des navigateurs portugais qui voulaient atteindre les Indes (1). En 1502, l'une des *naus* de Vasco da Gama, commandée par Antonio do Campo, fut jetée par la tempête, en doublant le cap de Correntes, vers une baie de la côte où venaient aboutir trois grands fleuves, et à l'embouchure même de l'un d'entre eux, dénommé *da Lagôa*, nom qui fut aussi donné par le navigateur portugais à la grande baie, beaucoup plus au sud, qu'on appela par la suite baie de Lourenço-Marquès, parce que

---

mourut l'année suivante. Selon plusieurs écrivains coloniaux portugais, le mot Ophir serait la transformation des mots Fura ou Afura, par lesquels on désigne encore aujourd'hui les montagnes de l'intérieur du pays de Sofala. Le nom Saba, si célébré par les chroniqueurs, viendrait du nom du fleuve Save. Elisée Reclus confirme cette opinion des écrivains portugais (*Géographie Universelle*, mot Sofala). Les somptueuses ruines des environs de Sofala, évidemment d'origine *sémite*, sont appelées par les indigènes Zimbaoé, ce qui veut dire *résidence royale*, appellation transmise par tradition verbale comme souvenir d'une civilisation arabique qui nous a précédé de mille ans.

(1) Le 10 janvier 1498, la flotte de Vasco da Gama découvrit un petit fleuve dénommé *do Cobre*, et les marins appelèrent le pays environnant *Terra da bôa gente*. Quelques jours après, ils franchirent la barre de Quelimane, et donnèrent le nom de *Bons signaes* au fleuve qui vient s'y jeter. Ils restèrent un mois dans ce port.

Le 1er mars 1498, ils virent l'île de Mozambique, et visitèrent Mombaça et Mélinde; de là, Vasco da Gama poursuivit sa route vers l'Inde.

En 1500, Pedro Alvares Cabral, venant de découvrir le Brésil, arriva à l'île de Mozambique, et envoya Sancho de Toar explorer le port de Sofala, capitale primitive de la colonie.

BORDALLO : *La province de Mozambique*, Lisbonne, 1859.

22 ans plus tard le Portugais de ce nom la visita et l'explora (1). Le vicomte de Paiva Manson (*Mémoire sur Lourenço-Marquès*) dit que cette baie n'a été découverte qu'en 1544 par Lourenço-Marquès. Le trafic commercial de la côte était déjà assez considérable, et l'ivoire abondait sur tous les marchés.

De plus, la renommée des fameuses mines de Monomotapa (2) attirait un grand nombre d'aventuriers, et l'on évaluait à 25 millions de kilogrammes la quantité d'or qui provenait annuellement de l'intérieur du pays.

Comme pour toute colonisation initiale des Portugais, ce furent les missionnaires catholiques qui s'établirent les premiers dans la colonie. L'on sait, d'ailleurs, que l'histoire des colonies portugaises est intimement liée à celle de l'évangélisation chrétienne des Lusitaniens à travers le monde.

Les caravelles hissaient même au grand mât le drapeau du Christ, symbole des croisades,

---

(1) Dans la baie de Lourenço-Marquès ou Formosa, d'une largeur de 21 milles, viennent se jeter les trois fleuves Maputo, Espirito-Santo et Incomati, ainsi qu'une petite rivière, le Futi, M. de Noronha (*Le District de Lourenço-Marquès*) dit que le nom de cette baie était alors celui de *Boa Paz*. Voir p. 14.

(2) L'empereur de Monomotapa sollicita plus tard du gouvernement du Mozambique (1763) l'honneur d'avoir une garde portugaise dans son palais. Cette garde, qui lui fut accordée, se composait d'un capitaine-major, un sous-lieutenant, deux sergents et trente soldats. L'empire de Monomotapa ou Bevromotapa, comprenait tout le continent oriental africain, du Zambèze au cap de Bonne-Espérance.

RELIURE SERRÉE
ABSENCE DE MARGES INTÉRIEURES

avec la croix et l'épée entrelacées (1). Dès le 3 novembre 1534, le pape Paul III institua des évêchés en Afrique et la prélature du Mozambique. La première forteresse fut construite à l'embouchure du Sofala, en 1506, à côté de la première église. L'Ile de Mozambique avait été occupée en 1506 par Duarte de Mello. Pero d'Anhaya bâtissait à la même époque l'église et la forteresse d'Angoche. Plus d'une fois, — a dit un prélat illustre du Portugal, — l'épée n'eut qu'à suivre le chemin frayé par la croix. En route pour les Indes, saint François-Xavier aborda au Mozambique en 1542. Des explorateurs hardis pénétrèrent dans l'intérieur du pays et dans toutes les régions de l'empire du Monomotapa (2).

Le prélat de Mozambique dépendait de la province ecclésiastique de Gôa (Indes Portugaises). Démembrée de l'archevêché de Gôa, cette prélature fut érigée, à la demande du Portugal, en 1612, par la Bulle pontificale du 21 janvier. Elle comprend encore les territoires de Mombaça, Zanzibar, Sofala, Senna, Tete et le fleuve Cuama (ou Zambèze). (*Droits de Patronage du Portugal*, Lis-

---

(1) Dans les archives du Vatican on voit dans la collection « Missions d'Afrique » une lettre du roi Dom Sébastien, (1578), sollicitant l'aide du pape en faveur des missions portugaises. A. Ribeiro : *Les missions*. Paris 1900. Voir : Le Père Courtois, *Missions catholiques au Zambèze*, 1889, Paris. C'est en 1560 que partit de Goa pour le Mozambique la première mission de jésuites.

(2) Voir : *Quelques notes sur les établissements et les travaux des Portugais au Monomotapa*, par Capello et Ivens, Lisbonne, 1889. *Premiers travaux des Portugais au Monomotapa*, par Paiva e Pona.

Ville de Mozambique.

bonne, 1883). L'évêque de Salé fut nommé *premier administrateur ecclésiastique* du Mozambique, le 1er mars 1613.

C'est en 1503 qu'une forte escadre de 6 *nâus*, sous le commandement d'Affonso d'Albuquerque, descendit le Tage, se dirigeant vers les Indes. Ce grand capitaine fut le premier propagandiste de l'idée grandiose de l'ouverture du Canal de Suez. (Mendes Leal, ministre des Colonies, Rapport de 1863).

Affonso d'Albuquerque, — le Napoléon des Indes, — choisit le Mozambique comme entrepôt du commerce entre l'Europe et l'Asie.

Sous la domination des Arabes, le Mozambique avait été aussi le centre du commerce africain. Contre la lettre des traités, la baie de Lourenço-Marquès et les îles de Cap-Delgado ont été ouvertes au commerce français (1).

En 1569 eurent lieu les deux expéditions de Francisco Barreto aux terrains aurifères et argentifères de Manica et Chicova, sur le Zambèze (2). Une partie de ces expéditions, qui comprenaient 1.000 Européens, quelques guides et un grand nombre d'esclaves, remonta le grand fleuve africain jusqu'au delà des cataractes, à la recherche des sources du Zambèze. Le gouvernement envoya sur divers points, dans toute l'étendue de la côte, des expéditions scientifiques et commerciales. Le cosmographe Manuel Mesquita

---

(1) Barreto, *Mémoire sur l'Afrique Orientale*, p. 33.

(2) *Oriente conquistado*, par Francisco de Sousa Barreto, qui est mort à Sena.

explora la côte depuis le Cap de Bonne-Espérance jusqu'au Cap de Correntes. Sur l'île de Mozambique (1), — point stratégique et commercial de premier ordre, — on avait construit, en 1507, une forteresse importante. On construisit d'autres petits forts le long du littoral; et, sous leur protection, des factoreries s'élevèrent. Au temps de la domination espagnole sur le Portugal (1580-1640) la côte orientale d'Afrique fut souvent attaquée par les *galès* turques, qui firent de grands ravages, surtout dans les centres peuplés du littoral.

L'élément indien poussait des racines profondes dans la colonie.

Partout il fallait combattre aussi l'influence des Maures, qui accaparaient tout le commerce. Les factoreries de Quelimane et Lourenço-Marquès furent créées respectivement en 1544 et 1546.

En vue de l'extension des domaines portugais d'Orient, le gouvernement central les divisa en trois grandes circonscriptions ; celle du Mozambique (1569) était comprise entre les caps Guardafui et Correntes.

Le premier gouverneur de ces territoires fut Francisco Barreto; il portait le titre de capitaine-général (2).

---

(1) L'ancien préside devint *villa* en 1876, et fut érigé en ville par le décret du 10 novembre 1884.

(2) Selon M. C. Mendes (*Catalogue des capitaines généraux du Mozambique*, p. 5), Francisco de Mello e Castro fut le premier gouverneur qui usa de ce titre, après que, par la Charte Royale du 20 avril 1752, le Mozambique, fût détaché du gouvernement des Indes.

— Le capitaine de Sofala, Pedro Barreto, en venant prendre possession de son poste, en 1587, fut accompagné depuis Lisbonne par le célèbre poète Luiz de Camões, l'auteur des *Lusiades*.

Son successeur, Vasco Fernandes Homem, continua son œuvre de pénétration dans l'intérieur du pays.

Il s'avança jusqu'à Quiteve, avec 500 Européens et quelques pièces d'artillerie, et alla même, on croit, jusqu'à Chicanga.

En 1570 le sultan de Zanzibar se déclara vassal du roi de Portugal. En 1585 les révoltés nègres massacrèrent la population blanche de l'Ile de Mozambique.

Les Hollandais avaient fait leur apparition sur la côte à la fin du XVIe siècle. Il fallut leur faire une guerre acharnée, qui retarda beaucoup la marche des progrès déjà accomplis dans la colonie. Dom Nuno Alvares Pereira gouverna trois fois la province, en 1609, 1620 et 1630. Il y affermit, sur des bases solides, la prépondérance de la Couronne du Portugal. Un grand fléau — la traite des nègres — se développa soudain dans tout le Mozambique; en 1645, on commença à envoyer des esclaves au Brésil, les Hollandais, maîtres de l'Angola, ayant interdit ce honteux trafic aux négriers d'Amérique.

Le commerce des esclaves était alors le privilège des gouverneurs et des capitaines généraux (1), et ce fut en vain que le gouvernement du Roi essaya de mettre fin aux abus auxquels ces privilèges donnaient naissance. Les désordres des indigènes redoublèrent d'intensité. Les colons

(1) Les capitaines de Sofala et de Mozambique achetaient parfois le privilège exclusif du commerce de la colonie (Bordallo, liv. cit., p. 99).

eux-mêmes étaient en proie aux luttes intestines les plus violentes.

Les Hollandais profitèrent habilement de cette situation pour attaquer la forteresse de l'île de Mozambique et barrer la route aux navires portugais qui se dirigeaient vers les Indes. Les Anglais y arrivèrent un peu après. Le gouvernement métropolitain retira alors tout monopole des mains des gouverneurs, en déclarant (1671) le commerce libre à tout citoyen portugais; mais, depuis lors, en 1690, on prohiba les transactions commerciales sur les ports de Sofala et de Rios de Sena et l'on concéda à la *Compagnie de l'Inde*, (1696), pour quatre ans, le monopole exclusif de ce commerce. On conçoit le désordre que ces arrangements inopportuns apportèrent dans l'administration du pays.

Toute cette colonisation, d'un caractère essentiellement militaire (1), épuisait rapidement les sources des richesses naturelles du pays. Il aurait fallu une administration plus en rapport avec les progrès qui s'accomplissaient. Malheureusement, après l'élément militaire, on envoya dans la colonie l'élément... criminel : les déportés ; et il y eut peu de tentatives agricoles. En 1674, on enregistre ce fait curieux, peut-être unique, de l'envoi en Afrique de jeunes orphelines destinées en mariage aux colons du district de Couama (2).

---

(1) Les gouverneurs des forteresses étaient, jusqu'en 1763, sous le titre de *capitaines-majors*, les juges en même temps que les chefs de toute administration civile.

(2) *Informação do Estado e Conquista dos rios de Cuama*, par Manuel Barreto, Lisbonne, 1677.

Les expéditions militaires de 1677 se caractérisèrent par ce fait que chaque colon-soldat était accompagné de presque toute sa famille. Quelques femmes *à marier* complétaient l'envoi de la mère patrie. Des missionnaires étaient expédiés, en même temps, sur Couama, Sena, etc.

Les peuplades de Mozambique, Ibo, Quelimane, Tete, Sena, Sofala, Inhambane, Zumbo, Manica, furent élevées à la catégorie de *Villas* (bourgs) en 1763, ce qui prouve les progrès réels qui s'y réalisèrent.

Le gouverneur de l'Inde permit aux *banians*, (1687), (1), commerçants de la place forte de Diu, d'aller trafiquer au Mozambique. Possédant la sobriété et l'instinct commercial des Chinois, ces redoutables concurrents s'y établirent et y ont accaparé le petit commerce européen jusqu'à ce jour! Ces banians étaient justiciables de juges spéciaux, différents de ceux des Européens et indigènes, qui relevaient des recteurs de la Compagnie de Jésus.

En 1783, il fallut expulser les *banians* de la colonie (2). Tout l'effort des autorités, tendait à faire peupler, du jour au lendemain, ces vastes et riches contrées, pourtant si malsaines, surtout sur le littoral. Un gouverneur éclairé, Saldanha d'Albu-

---

(1) « Ici il ne leur est permis ni l'exercice de leur religion, ni de vivre avec leurs femmes », (Botelho, *Mémoire sur les Possessions d'Afrique orientale*. p. 13. Almeida e Cunha, *Mœurs des Banians*, (Moxués), *Bathias*, etc., Mozambique, 1885).

(2) L'*Alvara* du 10 juin 1755 avait accordé aux sujets Portugais des Indes la liberté du commerce avec le Mozambique.

querque, proposa même au gouvernement d'introduire au Mozambique 4.000 femmes chinoises !

En même temps que le gouvernement local prenait toutes ces mesures illusoires, on voyait s'établir tous les jours dans la province des nouveaux venus en grand nombre : des Maures, des Parsis, des naturels de l'Inde portugaise, attirés surtout par la renommée des grandes *foires* de l'intérieur. Ces foires ou *chuamos* se tenaient dans une enceinte fortifiée, sous la direction des Portugais. Rappelons à ce sujet que, jusqu'en 1752 (Voir p. 18) le Mozambique fut sous la dépendance du gouvernement des Indes, ce qui retarda de beaucoup ses progrès matériels. En 1753 le gouverneur Castro expédia dans toute la province des ingénieurs chargés de réparer les édifices en ruines et les routes de l'Etat. On dressa une carte hydrographique de la région qui s'étend depuis le Cap Delgado jusqu'à l'île du Mozambique. On commença la construction de forteresses sur l'île Matemo, à Pangalane, à l'embouchure du Zambèze et dans la presqu'île de Inhalarique. Mais le gouverneur João de Mello e Castro se suicida, en se traversant la poitrine d'un coup d'épée, le 6 avril 1758, « de chagrin de voir les caisses de la province complètement vides. » (*Chronologie des Gouverneurs du Mozambique*, p. 10.) En 1758 deux gouverneurs, l'un interimaire, l'autre de nomination royale, se disputèrent le pouvoir par les armes, ce qui contribua à l'accroissement du désarroi général. En 1759 (Loi du 3 septembre) les établissements des jésuites dans la province furent supprimés et tous leurs biens confisqués au profit de la Couronne. La même année (1759) fut érigé le fort de Saint-

Antoine, dans l'île de Mozambique. Un ordre du gouverneur Pereira do Lago à son subordonné le gouverneur d'Inhambane (1769) montre bien la tension belliqueuse des esprits à cette époque : « *N'épargnez pas la poudre de Sa Majesté*, — écrivait ce fougueux fonctionnaire. *Marchez avec les têtes des Maures sur les bouches des canons ; mais épargnez les femmes et les enfants, sinon c'est vous que je châtierai* ». Ce gouverneur fut poursuivi judiciairement par ordre du gouvernement de Lisbonne. En 1781 le gouvernement des Indes envoya une expédition expulser les Autrichiens de Lourenço-Marquès.

Le colonel Anglais William Bolts commandait la factorerie fortifiée des Autrichiens. En 1782 fut nommé le premier gouverneur de Lourenço-Marquès, et l'on y construisit des forteresses en 1789. Les Sakalaves, de Madagascar, attaquèrent la côte du Mozambique, (1805), mais ils furent repoussés avec de grandes pertes.

En 1806, on constata cependant l'exportation de 6.786 *meticaes d'or* (1), d'une valeur de 400.000 fr., provenant de Sena et Tete. La traite des nègres, si elle épuisait les régions ravagées, donnait aux ports une certaine activité commerciale, dont le Brésil était, bien entendu, le principal, presque

(1) Viterbo (*Elucidario*, vol. II, p. 88) écrit *metheaes* ou *metkaes*, équivalent de la grosse monnaie du temps. « Le bourg de Quelimane exportait annuellement 2.500 *maticaes* d'or (15 kilos) ». De Sousa, Rapport cité. Le *matical* valait 3 *pesos* ou 12.000 *reis*.

l'unique client. Les échanges avec le Bengale et l'île Bourbon étaient assez importants (1).

Quelques années après cependant, le commerce était tombé dans un marasme dont on ne put le relever que plus tard et au prix des plus grands sacrifices.

Sous le gouvernement d'Abreu et Menezes, (1812-1817), la colonie était en pleine révolution. En 1817 on bâtit le fort de Mussuril. Le 25 juin 1821, une révolution proclama la déchéance du gouverneur Brito Sanches.

En 1824, pour relever la colonie, on revint au régime des privilèges, en instituant la *Compagnie du commerce de l'ivoire de Lourenço-Marquès* (2), qui jouirait de son monopole pendant vingt-quatre ans. Les événements politiques qui se déroulèrent dans la métropole, depuis 1820, contribuèrent à retarder les progrès du Mozambique, aussi bien que des autres colonies portugaises, alors dans un état pitoyable. Les *cafres* ravagèrent beaucoup de centres peuplés. Les habitants d'Inhambane furent massacrés en 1834; et les *vatuas* mirent le feu à Sofala. L'Inde d'abord, le Brésil ensuite, avaient absorbé toute l'activité des colons portugais (3).

Le Décret du 10 décembre 1836, qui supprima l'esclavage dans les colonies portugaises, ne servit par sa brusque exécution et malgré son but humanitaire, qu'à accroître la ruine morale et matérielle

(1) Tito de Carvalho, *Colonies Portugaises*, Paris 1900.

(2) Le privilège de cette Compagnie lui fut retiré en 1836.

(3) Oliveira Martins, *Le Brésil et les Colonies*.

Arsenal maritime de Catembe.

de cette vaste possession. C'est donc à partir de la première moitié du siècle dernier, que les progrès du Mozambique, accusés par les documents officiels, s'accentuent graduellement d'une façon inattendue (1).

Dans ce mémorable cycle historique, voici en résumé quels furent les exploits les plus brillants des Portugais le long de la côte et à l'intérieur du pays : Estevam da Veiga voyage à travers la *Cafrerie* et impose partout le respect du nom lusitanien. Francisco Vaz d'Almada part de la côte du Natal, à travers ce même pays, et atteint Sofala. Luiz de Miranda Henriques explore scientifiquement et commercialement les régions comprises entre le Cap de Bonne Espérance et Lourenço-Marquès. Nuno Velho Pereira suit le même itinéraire, en parcourant une distance de plus de 900 milles.

Manuel de Mesquita Perestrello, à la tête d'une expédition de 322 hommes, va depuis l'embouchure du fleuve do Infante jusqu'à Lourenço-Marquès. Près de 300 membres de cette expédition meurent en route.

Alvaro Fernandes répète cet exploit, mais il laisse aussi en route 400 hommes de sa mission, qui ne se composait que de 500. João Albazini va de Lourenço-Marquès au Transvaal. Le voyage du Fr. Jeronymo Lobo, du Mozambique au pays des

---

(1) « A la suite des voyages de Livingstone, qui attirèrent sur ces pays l'attention de l'opinion anglaise et des mouvements des Boërs et des Anglais dans l'Hinterland, le gouvernement portugais sortit de sa torpeur » (*Questions diplomatiques et coloniales* » Hauser, Paris, 1900).

Gallas, jusqu'en Abyssinie, est resté à jamais mémorable. Cinquante ans avant l'exploration de Livingstone (1) sur le Zambèze, le Portugais José d'Assumpção e Mello avait établi que les fleuves Sechéké et Liambai n'étaient autres que le Zambèze lui-même.

En 1806, Pedro Baptista et Anastacio José traversèrent l'Afrique de Cassange à Tete, et en 1815 de Tete à Loanda (2).

En 1831, le major Monteiro, à la tête d'une expédition de 420 hommes, part de Tete pour Lunda ; il en arrive, et retourne à son point de départ l'année suivante. L'expédition Silva Porto, (1852), quoique privée de son chef, part de la côte occidentale d'Afrique, rencontre le Dr Livingstone à Linyanti, et arrive à Ibo en 1853.

Comme couronnement de toutes ces explorations, Capello, Ivens et Serpa Pinto, (1877-1878),

---

(1) Fait curieux à noter, Livingstone fut nommé en 1857, consul d'Angleterre à Quelimane.

(2) Toute l'Afrique Centrale fut découverte et parcourue par les Portugais au XVIe siècle. (Ferreira Ribeiro. *Voies commerciales des Portugais*, Lisbonne, 1887).

Le fleuve Chire fut exploré par les Portugais dans les XVIe et XVIIe siècles. Le lac Maravi, des cartes anciennes, et Nhanja de l'expédition Monteiro, 1831, fut également exploré par les Portugais au XVIIe siècle. Dans les cartes portugaises de l'époque, on trouve l'indication précise de ce fleuve et de ce lac. (*Le Nyassaland*, par le général H. de Carvalho, Lisbonne, 1890, p. 29). L'Afrique intérieure a été découverte et parcourue par les Portugais au XVIe siècle (L'abbé Durand. *Mémoire présenté à la Société de Géographie de Paris*, le 16 septembre 1880).

aversent l'Afrique de l'Angola au Mozambique, onsolidant, par de remarquables études, l'œuvre grandiose et impérissable de leurs glorieux rédécesseurs.

Ce résumé servira, pour ainsi dire, de point de épart dans la démonstration qui suit, et prouve-a indiscutablement la valeur colonisatrice des ortugais au Mozambique, — ce grand théâtre istorique de gloires nationales.

Aperçu Géographique

II

Le Mozambique est, comme importance territoriale, la deuxième des colonies portugaises, la première étant l'Angola.

Elle mesure, entre le Cap Delgado jusqu'au 26°52' S., sa limite méridionale, 2,300 kilomètres de longueur (1). Sa superficie est de 780.000 kilomètres carrés (2). Voici quelles sont les limites de la province selon le document qui a mis fin, comme on sait, aux différends existant entre le Portugal et l'Angleterre dans l'Afrique orientale : La grande possession portugaise (qui comprend tout le territoire portugais de l'Afrique orientale) suit, au Nord, une ligne qui, remontant le cours du fleuve Rovouma, depuis son embouchure jusqu'à son confluent le fleuve M'Sinje, va dans

(1) C'est le traité du 11 juin 1891 qui a établi les délimitations de cette province avec les possessions anglaises limitrophes.

(2) Dans sa plus grande largeur, de l'Est à l'Ouest, elle mesure 200 lieues, au total une superficie deux fois et demie grande comme la France.

la direction de l'Ouest par le parallèle de latitude jusqu'au point d'intersection de ces fleuves, et aux rives du lac Nyassa.

A l'Ouest, ces bornes suivent une ligne dont le point de départ est le précédent, sur le lac Nyassa, suivant la rive orientale de ce lac, jusqu'au parallèle 13°30' lat. S. et allant dans la direction S.-E. jusqu'au lac Chiuta. Ensuite, la frontière suit, en ligne droite, le bord oriental du lac Chirua (1), jusqu'à la limite Sud, puis l'affluent le plus oriental du fleuve Ruo, en accompagnant cet affluent et depuis le Ruo jusqu'à la rencontre du fleuve Chire.

De ce point, la frontière suit le Chire jusqu'à un endroit situé au-dessous de Chiuanga.

De là, elle court à l'Ouest, atteint la ligne de partage des eaux entre le Zambèze et le Chire jusqu'au lac Nyassa, puis le parallèle 14° de lat. Sud, d'où part une autre ligne S.-E. atteignant 15° de lat. Sud, coupant le fleuve Aruangua et le suivant jusqu'à sa jonction avec le Zambèze.

Au Sud, ces territoires sont délimités par une ligne qui part d'un point situé en face de l'embouchure de l'Aruangua, suivant le S. jusqu'au 31° latitude Ouest et tournant à l'Est, à droite, jusqu'à ce que le fleuve Mazôe coupe le Méridien 33° de longitude Ouest. La frontière est formée par ce méridien dans la direction Sud jusqu'au cours principal du Save, qu'elle suit jusqu'au fleuve Lunde; puis, en ligne droite, jusqu'à la frontière du Transvaal, en se confondant avec la frontière orientale de la possession anglaise et celle du Swaziland, jusqu'au fleuve Mapouto. Par une con-

(1) Ce lac, découvert en 1859, a presque disparu.

ention de la même année, (1891), avec l'Allemagne, le Portugal a donné à la frontière du Mozambique, (Convention additionnelle au traité du 30 lécembre 1886), les limites du parallèle de 10°40 at. S., depuis le promontoire du cap Delgado jusqu'à la rencontre du fleuve Rovouma. La démarcation sur place, suivant une entente diplomatique ultérieure, est à faire presque entièrement (1). Toute la côte, depuis le cap Delgado jusqu'à la pointe Bajona, est coupée de baies plus ou moins accessibles à la navigation. On trouve, près de cette côte, quelques îles basses, les unes boisées comme les îles de Ticoma et Longa, les autres recouvertes d'une légère végétation plate comme les îles perlières de Kerimba (2). Les montagnes les plus élevées de ces îles atteignent, à Noumba, 120 mètres de hauteur (3). La côte y est tantôt basse et sablonneuse au Nord de l'île Mahato, tantôt boisée depuis l'île Quisêva. Au Sud, le système montagneux apparaît à la pointe Serouica. De la baie de Memba à Bajona, on trouve de vastes baies bien abritées des vents. Juqu'au port de Mozambique, le système orographique du littoral s'accentue. La végétation y est abondante.

Le pic Mocambo atteint l'altitude de 700 mètres. De Bajona jusqu'à Sofala, la côte est entrecoupée de rivières, dont quelques-unes forment des deltas. Le Zambèze, la grande artère africaine, est,

---

(1) Une mission mixte de délimitation anglo-portugaise a commencé, au Nord du Zambèze, dans la région d'Angonie, la démarcation de la frontière, en mai 1904.

(2) Voir : *Conférence de M. Eichard*, le 30 nov. 1903, à la Société de Géographie (*Journal officiel*, 30 nov. 1903.)

(3) Vasconcellos, *Les Colonies portugaises*, p. 200.

comme on sait, dans ce cas. Les alentours d'Angoche sont formés de côtes basses et sablonneuses. A peu d'exceptions près elles se prolongent ainsi jusqu'au fleuve Sofala, avec des élévations peu sensibles vers le cap Saint-Sébastien. En face, on trouve l'archipel perlier de Bazaruto (1). Les îles de formation madréporique y abondent, surtout au Nord de la côte. A partir de la pointe de Burra Falsa, on rencontre des montagnes noires peu élevées. Jusqu'au cap de Correntes, l'aspect de la côte est d'une grande désolation, et les dunes de sable se succèdent jusqu'à Lourenço-Marquès. Sur les ports de la côte, MM. Castilho et Ivens Ferraz ont publié des travaux d'un intérêt capital, qu'on devra consulter. Lourenço-Marquès, Inhambane, Beira, Chinde, (le port naturel des territoires de la *British Central Africa*), Quelimane, l'île de Mozambique, Ibo, offrent des ancrages de tout premier ordre. Les ports secondaires de Chiloane, Bazaruto, les baies de Mocambo, Conducia, Fernão Velloso, Bartholomëu Dias et Pemba ont aussi une certaine importance comme ports d'accès facile. (Voir p. 46.)

Toute cette ligne de côtes, comprise entre 10°40' et 26°25' lat. S., possède un éclairage parfait. Au bord du canal du Mozambique, sur la côte, il y 18 phares. On va en établir de nouveaux dans les baies de Pemba, Fernão Velloso, dans les îles Mafamede et de Togo, à l'embouchure du Save, sur la pointe de Burra Falsa et à l'embouchure

(1) Voir : *Les îles de Bazaruto*, par Ivens Ferraz. L'archipel de Bazaruto a été occupé en 1856. (*L'archipel de Bazaruto*, par Duarte da Fonseca, Lisbonne, 1857).

VILLE DE LOURENÇO-MARQUÈS

UNE RUE.

du Limpôpo. Les districts d'Inhambane et Lourenço-Marquès surtout ont déjà un service de feux maritimes remarquable (1).

La maison Barbier, de Paris, a fourni dernièrement au gouvernement de Mozambique un phare destiné à la Pointe Zavora. Le balisage des ports de Ibo, Ile de Mozambique, Parapato, Quelimane, Chĩnde, Beïra, Rio Buzi, Bartholomĕu Dias, Inhambane, Lourenço-Marquès, a été complété depuis 1902. (Alvaro Ferreira, *Balisage des ports des provinces d'Outremer*, Lisbonne, 1903).

Le balisage des ports de Chiloane et de Sofala vient d'être achevé. Un nouveau phare vient d'être placé à la pointe Macuti, à Beïra.

---

(1) Voici la note officielle des feux existant sur la côte en 1899, d'après une étude de M. Vasconcellos, *Les Phares aux colonies :*

District de Mozambique. — Cap Delgado, à l'Est du cap Delgado, blanc, fixe; *Ile d'Ibo*, à l'extrémité N.-E. de l'île l'*Ibo*, blanc, fixe : *Ile de Goa*, à l'extrémité N.-E. de l'île, blanc fixe; *Pharillon du fort Saint-Sébastien* (*Ile de Mozambique*), dans l'enceinte du fort Saint-Sébastien : deux feux, verts, fixes; *Cabaceira Grande*, dans le port de Mozambique : deux feux, rouges, fixes.

District de Zambèzie. — *Pointe Tangalane*, à l'embouchure du fleuve *Bons Signaes* (Quelimane), blanc, fixe; *Pointe Milaone*, à l'embouchure du fleuve *Chinde* : deux feux, blanc, fixe; *pointe Géa*, dans la Beïra, blanc, fixe; *tour de Chiveve*, dans la Beïra; deux feux sur les rives du *Pungue* indiquent le chenal, un feu blanc et un feu rouge.

District d'Inhambane. — *Bazarulo*, sur le cap Bazaruto, Visible du 27° N.-O. au 63° N.-E., rouge, fixe; *pointe da Burra*, éclaire un secteur de 180°, blanc, fixe.

District de Lourenço marques. — *Cap Inhaca*, blanc, fixe, à éclairs de 20" en 20"; *pointe Vermelha*, éclaire un secteur de 224° et comprend un secteur rouge de 6°, 30' tourné vers l'O., 4N., mg., blanc, fixe; *Calembe*, éclaire un secteur le 12°. E., mg., blanc, fixe. (Voir, sur le même sujet, l'ouvrage de M. Alvaro Ferreira, *Balisage des côtes et ports du Mozambique*.)

Géologie. — Minéralogie

III

Dans une si vaste étendue de terres, les caractères géologiques des différentes formations présentent autant de variétés que la flore et la faune qui les peuplent. Nous ne parlerons donc que des traits généraux de ses aspects et de ses richesses minières, dignes d'ailleurs d'une étude approfondie. La rive gauche du Limpôpo, en aval de Lipalula, est formée de terres hautes, argilo-siliceuses, de couleur rougeâtre, indiquant la présence du fer. Sur les versants du fleuve Mussurice, les cristaux de roche abondent (1).

Les alluvions du fleuve Pungue laissent voir des bancs de sable quartzeux, contenant du

(1) Freire d'Andrade. *Reconnaissances géologiques des territoires du Mozambique*, Lisbonne, 1894.

mica et de la magnétite. Sur les rives du Mutuxira, affluent du Pungue, on rencontre du grès micacé et du granit, du gneiss et de la diorite, formation qui dénonce l'existence de l'or.

Cette région, en effet, se lie à celle mieux connue des terrains aurifères de Manica (1).

Les anciennes alluvions du fleuve Revue sont aurifères.

Près du Zambèze, à Tete, et sur une vaste étendue de cette région, le charbon abonde. Sur la zône à l'ouest de la Baie de Pemba, on trouve du quartz aurifère. Entre Zoumbo et Tete les traces d'or abondent aussi. Dans le système orographique de la province, la cordillère de Libombos, qui s'étend de la vallée du fleuve Mapouto, jusqu'au fleuve Limpôpo, du Nord au Sud, constitue la vraie division naturelle des possessions portugaises et anglaises. Dans toute cette région, l'or, le cuivre et le fer abondent. (Mousinho d'Albuquerque. « *Le Mozambique* »).

Du Limpôpo jusqu'à Inhambane les côtes de niveau sont peu prononcées ; c'est la plaine et les savanes avec des lagunes. Le pays de Gaza est, par contre, très montagneux. Le haut massif de Manica a un système indépendant. Il atteint parfois 2.500 mètres d'altitude. Les monts Namuli, constituent les plus belles régions du groupe orographique compris entre le delta du Zambèze et le fleuve Rovouma (2). Une superbe végétation cou-

---

(1) Les territoires de Manica et Sofala, depuis l'embouchure du Zambèze jusqu'aux territoires de Mecoque, constituent un développement de 400 kilomètres de côtes maritimes.

(2) Voir : « *Manica et Sofala* », par Eduardo Costa, p. 60.

LOURENÇO-MARQUES

LE PORT ET LES QUAIS

·e ces monts, dont les terrains sont d'une admible fertilité. A partir du fleuve Lujenda, jusqu'à côte, le terrain présente moins de relief, excepon faite de la vallée de Lurio, séparée des cours eau qui se dirigent vers le S.-E., par une série montagnes qui se prolongent jusqu'au N.-E. es Namuli, montagnes qui atteignent parfois 700 mètres d'altitude, selon O'Neill et Last cités ar Vasconcellos, (liv. cit., p. 222).

Des alluvions aurifères ont été signalées dans esque tous les grands cours d'eau de la prónce, spécialement le Mussapa et le Luenha. On constaté l'existence d'un filon d'*hématite rouge* ntre Macequece et Sarmento, sur les territoires la compagnie de Mozambique (1), et au Nord Chimoïo. Les champs miniers de Manica étendent depuis les vallées du Chimezi, du Muza du Revue jusqu'au Nord du Munène et de ce euve à la frontière anglaise. L'ingénieur anglais awyer a écrit, dans une étude scientifique de la égion, que ces champs aurifères et diamantifères ont, au moins, aussi importants que ceux du

(1) « Le Haut Quiteve, et les rives des fleuves Munhinga, ova, Mussapa, sont très riches en mines d'or de la meilure qualité. Sur les rives du Revue et du Mapura, les toazes, les émeraudes, les rubis abondent.Dans le *royaume* de uissanga, il y a beaucoup de mines de cuivre. » (Botelho, v. cit., p. 180.)

« Tout l'empire du Monomotapa est riche en mines d'or pierres précieuses. Ce territoire, ainsi que celui de Zumbo Manica, ont été donnés au roi Don Sébastien de Portugal, ar l'empereur Panzagutte, seigneur absolu de tous les erritoires du Monomotapa ». (Botelho, liv. cit., p. 312 et 15.)

Transvaal. Dans son rapport de 1900, le directeur des mines, Freire d'Andrade, dit que la formation de Manica repose sur un soubassement de roches cristallines, très largement représentées dans le pays par les gneiss, les micashistes, les amphiboloshistes, les granites et les roches similaires (1).

Sur la rive droite du Zambèze, dans les territoires de la Compagnie de Mozambique, on a déjà découvert des gisements houillers peu importants dans le lit du Mufa, près des monts Mafema et dans quelques autres localités au sud de Tete. Les grès houillers se voient à l'est des grès rouges sur lesquels est bâtie la ville de Sena et, dans les deux pics porphyritiques qu'on y voit aussi, les grès et les schistes houillers sont englobés et métamorphosés par la roche éruptive. La formation carbonifère se trouve au-dessous des grès de Sena et de Beira.

Les filons aurifères de Manica, — écrit M. d'Andrade, — sont presque toujours intercalés dans les schistes talqueux et séricileux et appartiennent à la catégorie des filons couches.

En dehors de cette sorte de filons, on rencontre des filons de contact, compris entre la formation schisteuse, et les granites ou granulites, comme sont ceux du Birthday Range, et des filons entièrement compris dans le granit, comme il arrive dans le Chua et l'Inhamucarara, où les salibandes des filons sont formées par le granit à deux micas.

(1) L'or, la houille, le fer, existent, en quantités importantes, à la frontière portugaise. (*L'Afrique Australe*, par M. H. Hetherwich, chef de la mission de Blantyre, 1904, Londres.)

C'est surtout le quartz des affleurements, où l'or st plus souvent visible au milieu des oxydes de r, qui a été le plus exploité.

En plus de l'or, on rencontre aussi avec le uartz les minéraux suivants : galène, stibine, lende, pyrite, chalcopyrite, l'azurite, la malahite, la pyromorphite, l'anglesine, la cérusite, hématite, l'ologiste, et la crocoisite. Ce dernier inéral, qui, dans le filon Rezende, à Umtali, est rès abondant, a été découvert dernièrement en ès grande quantité dans les affleurements du Velcome Reef, dans l'Inhamucarara, dans un uartz saccharoïde et très riche.

Dans le Dillondale, les minerais de cuivre sont ssez riches, et on y fait des prospections pour ecouper en profondeur le filon, qui se manifeste la surface par des rognons de malachite et d'azuite et par de l'azurite, de la chalcopupite et de la uprite (1).

Une tentative d'exploitation d'alluvions a été aite, depuis quelques années, par la Compagnie *frican Alluvial Gold Mines Ltd* (2). En 1894 l y avait six filons en exploitation : 3 par l'*East Africa Exploration* C°, 2 par la *Goldfields of Mozambique* C°, un par le *Pardy's Syndicate*. La *Rhodezia Exploration and Developement Gold Mining* C°, a étendu son influence jusqu'au territoire portugais. C'est toutefois la *Compagnie des mines d'or de Macequece* qui a dernièrement im-

(1) Freire d'Andrade, ouv. cit., p. 392.

(2) Voir le rapport de Mac Adam sur les alluvions de Manica comparées à celles de la Nouvelle-Zélande.

primé le plus d'activité à l'exploration minière c celle région si immensément riche, dont les pr grès s'accentuent surtout depuis l'arrivée du pr mier train de Beïra à Nova Macequece en 189 (Voir p. 75 et 76.)

Macequece est, depuis cette époque, un cent de population très important. On y publie u journal en portugais et en anglais ; et l'activité d son commerce rivalisera bientôt avec celle Beïra. La *Mozambique Mines Ltd.*, fondée plu récemment, possède dans la région de Mani 65 propriétés avec un total de 861,5 claims m niers de dix mille mètres carrés chacun. (Voir Rapport de M. Warren, publié à Londres en fé 1902).

La *Compagnie portugaise des Mines d'or d Manica* a établi des installations importantes su les rives du Revue. Cette compagnie a été fonde en 1899 ,à un capital de 2 millions et demi, pou l'exploitation de 800 *claims* miniers, sous la di rection de l'ingénieur Heath. M. d'Andrade trouvé dans les analyses des minerais 12 *dwts* 2 à 3 grains. Les filons *Firenze* et *Piratas* on même accusé plus que cela. Les alluvions des fleu ves ont démontré l'existence de 5 *dwts* pa moyenne de 500 kilog. de gravier aurifère. L'in génieur expert de la *Rhodesia Exploration an Developement Company limited*, a analysé le minerais de *Firenze* et en a trouvé 19 *dwts*. Cett compagnie est aussi concessiónnaire des allu vions de la Zambézie et des célèbres mines d cuivre de Bembe (Angola). Les Compagnies de *Mines d'or de Macequece*, *South Africa Gol Dredging Company* et quelques autres s'adon nent fièvreusement à la recherche et à la récolt e l'or et autres minerais précieux. On a découvert récemment des mines d'or à Pafuri (Gaza). Le lozambique, — on doit l'affirmer, — est, comme n le voit, une grande colonie d'exploitations mièères — un Transvaal portugais. Et s'il est établi ue le Portugal, après le partage de l'Afrique, a ardé « les clefs de l'Océan », il ne reste pas moins émontré que ces clefs sont en or !

Hydrographie

VOIES DE COMMUNICATION (1)

IV

L'une des grandes richesses de la province est celle qui dérive de son hydrographie si intéressante. En dehors du Zambèze ou Cuama (2), l'un des plus considérables des fleuves du monde, la

---

(1) Voir : *Chemins de fer*, p. 73.

(2) La navigation du Zambèze en territoire portugais est desservie par 38 vapeurs. Une embarcation de grand cabotage fait des voyages réguliers entre Beïra et Madagascar (Rapport de la *Compagnie de Mozambique*, Paris, 1903). Le gouvernement met au service des fleuves de la province 3 bateaux-canonnières, 2 remorqueurs et 7 bateaux à vapeur.

Les trois flottilles de canonnières de la côte orientale d'Afrique sont celles du *Zambèze*, desservant les ports de Beïra, Quelimane et Chinde ; *Lourenço-Marquès*, les fleuves Maputo, Maculuze et Incomati ; *Gaza*, le Limpopo.

Sur la réorganisation de la marine coloniale, voir le livre de ce titre, par Pereira de Mattos, Lisbonne 1902.

Rien que dans la région côtière de la Compagnie du Nyassa, on compte 27 iles et plusieurs ilôts et simples rochers émergeant des eaux. Sans compter le port de Ibo et ceux des iles ci-dessus il y a, entre le Pungue au Nord et le Lurio au Sud, quatorze baies dont l'accès est facile aux navires du plus grand tonnage. (Alméïda d'Eça, *Territoires Portugais entre l'Océan Indien et le Nyassa*, p. 12).

province est entrecoupée et fertilisée par le Limpopo, l'Incomati, le Save, le Busio, la Pungue, le Licungo, le Ligonia, le M'luli, le M'cumburi, le Lurio, le M'salu, le Lujenda-Rovouma, et tant d'autres, qui sont autant de précieux moyens de communications et de germes de fertilisation du sol. Rien que dans la Zambézie il y a plus de 2.000 kilomètres de voies navigables. Sur les côtes Nord et Sud de l'Ile de Mozambique les ports de mer offrent partout un ancrage excellent.

Le fleuve Maputo ou Machavana, qui constitue la limite méridionale de la province jusqu'à son confluent, le Pongolo, est accessible aux petits vapeurs jusqu'à Bella-Vista. Tous les transports de marchandises de la région de Maputo se font par la voie fluviale. Ce qu'on appelle Fleuve Espirito Santo (1), n'est qu'un estuaire qui reçoit les eaux des fleuves Tembe, Umbellusi, Matola. Il constitue, selon M. Ferraz (*Description de la côte du Mozambique*, Lisbonne, 1902) un abri excellent pour les navires du plus gros tonnage. Le fleuve Tembe ou Catembe, est navigable dans un parcours de 60 milles. Le Matola est aussi navigable sur une longue étendue. Les fleuves Incomati, Manhiça ou Manicusse, et leurs affluents le Sabie, le Massintonto, le Uanetzi et le Mazimechope, sont navigables pour de petites embarcations à fond plat. Dans toutes ces riches zônes agricoles, le gouvernement a établi des jardins d'essais

---

(1) Bordallo (liv. cit.) dit que ce nom de Espirito Santo a été donné primitivement à la Baie de Lourenço-Marquès. (Voir p. 15.)

TYPES INDIGÈNES

FEMME DE COCINE.

quintas regionaes) qui ont déjà rendu de très grands services à l'agriculture locale. Le fleuve Limpôpo ou Inhampura, (on l'appelle aussi Miti, Bembe, dos Reys, des Crocodiles et de l'Or), constitue une des plus vastes artères navigables de la colonie. Les vapeurs portugais *Carnarvon*, *Limpôpo*, *Dona Amelia*, le remontent en des voyages hebdomadaires jusqu'à Chaï-Chaï.

Le fleuve Inhambane, navigable jusqu'à Cuuane, prend, à partir de ce point, la désignation de Mutamba, et ne permet que l'emploi de petites embarcations. C'est cependant par cette voie que sont amenés, à la côte, les produits de l'intérieur du pays, d'une incontestable richesse. Les fleuves Barrue, Guine, Inhanombe, Jôge [illegible]rvello, Domo, Lobe, Xixambane, Francez et [illegible] Ladrôes, sont autant de canaux fertilisateurs et de moyens de transport du district d'Inhambane (1).

Le fleuve Inharrime ou Inhapaballa, est navigable dans presque toute son étendue. Le Save, — le plus long cours d'eau existant entre le Limpôpo et le Zambèze, — et ses affluents le Lunde et l'Odzi, rendent de très grands services aux populations riveraines.

Le Busi ou Busio est navigable jusqu'à son point d'intersection avec son confluent, le Lucite. Son autre affluent, le Revue, est aussi navigable. Les vapeurs de la Compagnie de Mozambique remontent le Revue jusqu'à Lusitania.

(1) *La villa* (bourg) d'Inhambane, capitale du district, comptait, en 1901, une population de 6.480 habitants.

Le fleuve Pungue et ses tributaires donnent accès aux petits vapeurs et aux chaloupes, dans une grande partie de leur cours. Les affluents du Zambèze, le Mazoe, le Revugo, le Chire, sont profonds et ont une largeur qui varie entre 250 et 400 mètres. Les fleuves de Bons Signaes, Macuse, Licungo, Tejungo, Ligonia, Montgiquali, Mcumburi, Lurio, sont navigables dans une grande partie de leurs cours et contribuent, en facilitant les moyens de communications entre les diverses régions minières et agricoles du Mozambique, à la marche d'un progrès qui, sans cela, demeurerait aléatoire. La navigation internationale sur le Zambèze et le Chire a été assurée en 1903, par 150 navires à vapeur et à voiles (1).

En 1879 le gouvernement portugais conclut avec la *Mackinnon British India Line* une convention par laquelle cette compagnie s'engageait à mettre en communication mensuellement les ports du Mozambique et les principaux ports portugais. Jusqu'en 1895 c'est l'*Union Steam Ship* C°, qui fut chargée d'assurer le monopole des transports de l'Etat, privilège qui, après cette époque, passa aux mains d'une autre entreprise anglaise de navigation. La *Castle Mail* faisait aussi des escales à l'île de Mozambique.

En dehors d'une importante navigation fluviale portugaise, le Mozambique possède aujourd'hui un bon service de vapeurs nationaux (*Companhia Nacional de Navegação*) qui relient bi-mensuellement la province à la métropole et à la côte Occi-

(1) Voir : Sousa e Faro, *La Zambèzie*.

dentale d'Afrique, moyennant l'exclusivité des passages des fonctionnaires de l'Etat. Le Mozambique est en communication avec le Portugal par la voie des compagnies des câbles sous-marins organisées par la *Eastern Telegraph Construction and Maintenance C°*. Il existe dans la colonie 4.500 kilomètres de lignes télégraphiques.

Population

V.

La colonie du Mozambique est habitée, d'après asconcellos, par 3.120.000 âmes. Les données atistiques sérieuses manquent cependant. S'il ut croire ce même géographe, qui assure que la ensité de la population du Mozambique est supérieure à celle de l'Angola, ces chiffres devraient re augmentés et portés à 12 millions d'habitants viron. Les principales races qui habitent la prônce sont : au nord, les *Macua*, sortis de la branre orientale des *Bantus*, les *Mocaranga*, *Tonga* *Zoulou* ou *Ajau* (1). Les *Manindi* et les *Maguanra* ont ravagé la vallée du Rovouma. Les *jaus*, aborigènes du nord du Zambèze, occuient la région entre le lac Nyassa, le Rovouma le Lujenda ; mais ils habitent aujourd'hui la réon du Chire, dominant les races inférieures des *anganjas*.

Les *Mavia* occupent le littoral entre le Rovouma le M'salu. A Tete et Zumbo habitent les *Mara-*

---

(1) *Races et Langues indigènes du Mozambique*, A. de nellas.

ves. Entre le Zambèze et le Mazôe, les descendants du Monomotapa, les *Uanhai*, prédominent dans le pays.

Au Sud du Zambèze habite la forte race *Vatua* ou *Landïn*, originaire du pays des Zoulous. On les trouve surtout dans le district de Gaza, ayant chassé les *Tonga* de ces territoires.

La région qui s'étend du fleuve Pungue jusqu'au Save est presque entièrement habitée par les *Mocarangas*.

Les *Manicos* (indigènes de Manica) semblent avoir des points de contact avec les *Mutuve* de Quiteve.

Les *Bitongas* peuplent la région du Barué, récemment pacifiée (1). Les *Ba-Buende* habitent le littoral, à Gavuro, les *Machengua* le Chinguene et les *Vadanda* le Madanda. Voici le groupement de ces races et sous-races selon M. de Ornellas :

Mocarangas..	manicos	
	ba-nyai	va-nhai
		muteve ou uetéve
Tongas.......	bitongas ou botongas	
	maklengues et landins	ma-chengua ou vachangoé
		ba-buende ou vaoka
		vadanda
Zoulous......	mangune ou vatuas	

(1) *La campagne du Barué en 1902*, par Azevedo Coutinho, 1904, Lisbonne.

Dans le rapport de la commission chargée de recueillir des produits pour l'Exposition de 1900, on lit au sujet des aptitudes artistiques des indigènes de la Zambézie : « La Zambézie est l'unique région de la province du Mozambique où, dans chaque indigène, on trouve encore le sentiment de l'art qu'ont su leur inspirer si profondément nos premiers et dévoués missionnaires ». Une partie de ces produits ethnographiques se trouve au Musée du Trocadéro.

Les *Vatuas* (1), indigènes du Zululand, envahirent le pays en 1836, se réunissant aux peuplades de la même tribu, déjà établies depuis 1832, au Bandire ; et opérèrent un grand exode, en 1889, vers le Bilène. Du Zambèze au Save, le langage des indigènes forme deux groupes distincts (2) : le *karanga* (*shona* et *nica*), et le *sena* (*cafreal* (3) de Sena). Au sud du Save, on parle les dialectes *landins* et surtout le *ronga* de Lourenço-Marquès.

Des Musulmans et des Hindous, un petit nombre de Chinois (4) et de Japonais, complètent la population du Mozambique, dont la difficulté d'évaluation provient de sa diversité même, de l'irrégularité de la densité des populations indigènes, et enfin, de l'étendue même de la colonie (5). Il existe, dans la Zambézie une caste de métis (*Mu-*

(1) Le dernier chef *vatua*, le roitelet Gungunhana, a été fait prisonnier en 1895 par les Portugais. Il est interné à Horta, une des îles Açores. Voir : *Voyage au pays des Landins*, par le colonel Païva d'Andrada; *Le Mozambique*, par Mousinho d'Albuquerque, Lisbonne, 1898. Dr. Moreira Feyo, *Ethnographie du Mozambique*, Lisbonne, 1902.

(2) *Manica et Sofala* », par Eduardo Costa, p. 83.

(3) Tout le Sud est de l'Afrique et une grande partie de la côte Sud-Ouest sont occupés par les idiomes Cafres, qui forment un groupe bien distinct de ceux des véritables nègres, que l'anthropologie ne confond pas avec les Cafres. Le mot Cafre, d'origine sémite, veut dire *infidèle*, il n'est donné aujourd'hui qu'aux tribus qui s'étendent du Nord-Est de la colonie du Cap à la baie de Lourenço-Marquès. (Abel Hovelaque, *La Linguistique*, Paris, 1881).

Voir « *Caza* », par G. da Costa, Lisbonne, 1890, et *Vocabulaire Portugais-Macua*, par Carvalho Soveral, Porto, 1887.

(4) Déjà en 1858 on avait introduit au Mozambique, mais sans profit, des *coolies* de Macao. (Bordalo, liv. cit., p. 69).

(5) Tandis que la population nègre des vastes territoires de la Compagnie de Mozambique ne dépasse guère 250.000 âmes, on compte à peu près ce nombre dans une des sous-

songos et *Cataqui Sungos*) produit du croisement des Indiens avec les nègres.

Le nombre d'Européens dans toute la province ne dépasse point 15.000, dont la plupart sont des Portugais.

---

concessions de cette entreprise : la Compagnie de Luabo, dirigée si savamment par un des coloniaux portugais les plus en vue, le colonel Païva d'Andrada, le même qui découvrit le port de Beïra. D'après le recensement de la population des territoires de Manica et Sofala, en 1899, il y avait 2.064 Européens, 534 Indiens, 165 Métis et 104.914 Nègres. A Beïra, il y avait, la même année, 4.132 habitants : 1.469 Européens et Américains, 359 Asiatiques, 2.248 Africains, 56 Métis. Parmi les Européens on comptait 778 Portugais, 245 Anglais, 60 Français, 159 Grecs, 41 Italiens, 33 Allemands, 30 Autrichiens, 30 Espagnols, 22 Turcs. La population de Beïra était de 4.399 âmes en 1902. La population de la ville de Lourenço-Marquès était de 6.370 âmes en 1901, dont 3.900 Portugais, 1.299 Asiatiques et 1.722 Africains. La population blanche de la *Capitainerie Générale* du Mozambique en 1835 avait été évaluée à 2.000 âmes. (Botelho, liv. cit., p. 17.)

L'*Annuaire du Mozambique* pour 1903 donne aux seuls districts de Mozambique, Gaza et Inhambane une population de 577.753 âmes, dont 1.900 blancs. La population indigène de ces districts serait donc supérieure à celle de la colonie anglaise voisine de Natal.

TYPES INDIGÈNES

Climatologie

VI

Le climat d'une si vaste possession est très variable, et différent suivant les zônes. Le littoral africain se ressemble partout sous le rapport de la climatologie. Il est sujet aux fièvres palustres, qui sont aggravées, là comme ailleurs, par le manque presque absolu de mesures d'hygiène locale, telles que l'assainissement des marécages, la création d'un système moderne d'égouts dans les centres de population, l'hygiène des habitations, l'hygiène individuelle, etc. Le long des vallées, là où vivent à leur aise les plus admirables types de la flore tropicale, l'homme blanc se trouve aussi mal partagé.

La région côtière est très paludéenne. Le district d'Ibo n'est relativement pas trop insalubre, parce que les pluies deviennent rares entre le Royouma et le Zambèze. Le district le plus malsain est celui de la Zambézie. Le long du Zambèze, même des altitudes de 1.000 mètres sont insuffisantes pour neutraliser le paludisme. C'est seulement dans les terres hautes du Chire et du Nyassa, vers 1.500 mètres d'altitude, que l'on pourrait établir des colonies européennes de peuplement.

Les rigueurs des climats des régions malsaines n'ont pas encore subi le correctif de la science qui les rendra supportables. Dans les hautes montagnes du Chire et du Nyassa, l'Européen peut très bien s'acclimater, comme nous l'avons dit, ce qui ne veut nullement signifier qu'il peut se reproduire jusqu'à plusieurs générations. Sur les pics Namuli (2.500 mètres d'altitude), la température normale varie entre 12°5 et 24° centigrades. La température maxima observée a été de 35° et la minima 3°,5. Les pics Namuli se trouvent à 16° de latitude Sud. Il y a quatre saisons comme en Europe.

Sur la côte du Mozambique, il y a deux saisons différentes : la soi-disant froide (avril à septembre), et la chaude (octobre à mars). A Tete, la température moyenne est de 25°5. Dans la saison des vents et des pluies, elle atteint 28°7. Au mois de juillet, le plus frais de l'année, on a enregistré en moyenne 22°,5. Entre le Zambèze et Quelimane, les explorateurs Capello et Ivens ont enregistré, à Quaqua, 30° centigrades (1). Sur le Luabo, on a

---

(1) Vasconcellos, liv. cit., p. 251.

enregistré la moyenne de 18° à 22° pendant la saison des pluies et 25° à 32° pendant la *belle saison*.

Dans la ville de Quelimane la température moyenne est de 29°5 ; maxima 41°,5 ; minima 19°,5. Sur l'île du Mozambique, la moyenne est de 28°, de mai à octobre.

Le mois le plus chaud est le mois de mars : le plus frais, même sur le littoral, le mois de juillet. Pendant la saison des pluies, de décembre à mars, les *monomoçaias* (1) ou tiphons sont très fréquents dans cette partie de la province.

A Beïra, l'observatoire de la Compagnie du Mozambique a enregistré une température annuelle moyenne de 24°,2. Le maximum atteint a été 35, 5. Au Sud, sur les terres de Musilla, l'explorateur Cardoso (2) a enregistré le matin, une moyenne de 12° et à midi 35°, pendant la saison des grandes chaleurs. Toutes ces températures sont prises, bien entendu, à l'ombre. A Inhambane, dans les mois de février et de mars, on a enregistré 59°,5 de température au soleil.

A l'ombre, la moyenne enregistrée est de 28°.

Dans les terres basses de Macuire, dans l'intérieur du Mozambique, la température moyenne enregistrée à l'ombre a été de 45° et 47° centigrades. La moyenne des observations thermométriques, à Manica, a été de 20°,8.

---

(1) M. Costa (liv. cit.) écrit *mnemocayas*.

(2) Vasconcellos, liv. cit., p. 252.

A Lourenço-Marquès, la moyenne est de 24° ; maxima, 31; minima, 18°. A. Riqalta, station missionnaire suisse (1), à 22 kilomètres au nord de la ville, la moyenne est de 19°; maxima, 34° ; minima, 18°.

Le climat de Lourenço-Marquès est assez semblable à celui du Natal. On y distingue deux saisons bien caractérisées : la saison des pluies (octobre à mars) et la saison sèche (avril à septembre). Voici le tableau de la moyenne de la température de Lourenço-Marquès pendant l'année 1896, ainsi que la moyenne des pluies et de la nébulosité de chaque mois :

	Température moyenne			
	minima	maxima	Pluie tombée	Nébulosité
	—	—	—	—
Juillet	19°	24°	0 014	23 %
Août	20°	29°	0 010	30 %
Septembre	22°	23°	0 025	28 %
Octobre	22°	32°	0 036	45 %
Novembre	25°	28°	0 095	47 %
Décembre	25°	36°	0 119	49 %
Janvier	26°	28°	0 214	54 %
Février	25°	38°	0 211	48 %
Mars	25°	35°	0 074	40 %
Avril	23°	26°	0 022	25 %
Mai	20°	32°	0 028	27 %
Juin	19°	28°	0 005	16 %

(1) Observations quotidiennes du missionnaire suisse Junod. *Bull. Soc. Sc. Nat., Neuchatel*, 1897. Castilho, *Rapport sur le Mozambique.*

Pendant la première décade du mois de janvier de 1904, voici quelles furent les observations enregistrées dans la ville de Lourenço-Marquès :

Janvier(1) 1901 Jours	Heures	Psychromètre th. sec	Psychromètre th. h.	Psychromètre humid	Thermomètre minima	Thermomètre maxima	Vent 0 à 9	Nébulosité de 0 à 10	Pluie en millimét.	Végétation et autres
		°	°							
1	8 h. m.	25,8	23,2	79	23,0	—	W.1	2	8,2	—
	2 h. s.	33,5	26,2	55	—	38,0	N.3	2	—	—
	9 h. —	26,8	24,7	83	—	—	NE.3	0	—	—
2	8 h. m.	25,8	23,4	81	4,5	—	S.2	10	—	—
	2 h. s.	27,1	23,7	71	—	28,0	SE 2	10	—	—
	9 h. —	24,5	21,6	74	—	—	S.2	3	—	—
3	8 h. m	24,0	22,0	83	22,0	—	SW.2	10	1,2	—
	2 h s.	29,2	24,4	66	—	30,5	E.2	2	—	—
	9 h. —	26,2	24,6	87	—	—	NE 3	1	—	—
4	8 h. m.	28,8	25,0	72	24,0	—	N.4	3	—	62° s. le sol
	2 h. s.	35,4	25,6	44	—	39,0	N.3	4	—	au soleil.
	9 h —	23,6	23,1	95	—	—	S.3	10	28,5	11e orage
5	8 h. m.	23,2	21,8	88	22,0	—	SW.2	10	15,9	—
	2 h. s.	28,2	21,8	75	—	28,5	E.2	9	—	—
	9 h. —	25,1	23,5	87	—	—	0	10	—	—
6	8 h. m	28,4	25,6	79	21,0	—	N.2	2	—	—
	2 h. s	31,0	26,9	72	—	32,5	E.3	2	—	—
	9 h. —	27,5	25,7	86	—	—	NE.3	6	—	—
7	8 h. m.	24,0	21,0	75	22,0	—	S.5	3	88,5	12e orage
	2 h. s	26,8	21,4	60	—	28,0	S.5	9	—	—
	9 h. —	23,5	19,7	69	—	—	S.3	10	—	—
8	8 h. m.	22.9	18,5	63	20.0	—	S.4	1	-	—
	2 h. s	22,	19,5	71	—	26,0	S.2	10	0,3	—
	9 h. —	22,8	19,6	68	—	—	S.2	3	—	—
9	8 h. m.	23,6	18,0	59	19,0	—	S.2	0	—	—
	2 h s.	26.5	20,1	50	—	27,0	E.3	1	—	—
	9 h. —	27.7	20,4	52	—	—	NE.2	0	—	—
10	8 h. m.	23,8	20,4	72	19,5	—	S.2	0	—	—
	2 h. s.	26.8	21,	59	—	28,5	E.3	1	—	—
	9 h. —	24,3	20,4	68	—	—	E.1	4	—	—
		Totaux.		2151	220,0	306,0	—	143	142,6	
		Moy....		71.8	22,00	30°,60	—	61,8	en 6 j.	

(1) Bull. Soc. Géog. Lisbonne, mai 1904.

Sur les territoires de Manica et Sofala, il y a deux saisons distinctes : l'été (décembre à mars) et l'hiver (juin à septembre). La moyenne de la température en été, enregistrée aux observatoires de Manica et de Beïra, est de 25° à 27° à l'ombre. La moyenne des pressions atmosphériques est de 760 à 762 m/m. Comme à Lourenço-Marquès, les pluies sont torrentielles. L'observatoire de Beïra en a enregistré 120 à 130 m/m dans une journée. Les pressions atmosphériques atteignent à Macuire la moyenne de 766 à 769 m/m. Les pluies sont rares. Voici le relevé des observations prises sur le port de Beïra :

Années	Température			Pression	Pluie en m/m	Vents
	Moyenne	Maxima	Minima			
1894	24,2	33,3	15,1	765,2	2029	SE-E-ESE
1895	24,5	34,5	14,6	763,5	2403	» — »
1896	24,5	33,2	14,2	763,4	913	SE-ESE-E

Et ce tableau de l'observatoire de l'île de Mozambique :

Pression atmosphérique moyenne......	761m/m9
Température maxima..................	30°4
— minima	22°68
— moyenne..................	27°0
Pluie	703m/m4
Humidité	77,3

Le chef de la mission Romanda, de l'intérieur de Lourenço-Marquès, a envoyé à la Société de Géographie de Lisbonne (1) les notes suivantes des moyennes des observations prises, pendant les années 1891 à 1900, sur les territoires où est établie la mission :

Température moyenne annuelle........	22°68
Humidité	72,19
Pluie	716m/m8
Nombre de jours de pluie, moyenne annuelle	66

Les mois les moins chauds ont été ceux de juin (18°37'), juillet (18°55') et août (19°64') ; les plus chauds, ceux de décembre (25°73), janvier (26°25) et février (25°46').

La Compagnie de Mozambique a établi des postes d'observations météorologiques à Macequeçe, à Chimoïo et à Tambara. Le gouvernement portugais les a établis dans les chefs-lieux de tous les districts et sur beaucoup d'autres points de la côte et de l'intérieur de la colonie.

(1) Vasconcellos, ouv. cit., p. 274.

VILLE DE QUELIMANE

LA CATHÉDRALE.

Administration

VII

Le vrai siège administratif du gouvernement du Mozambique est la ville de Lourenço-Marquès (1), dont les progrès croissants nous sont démontrés par les notes statistiques qui suivent, quoique la capitale officielle de la colonie soit encore aujourd'hui la ville de Mozambique.

Voici l'aperçu du mouvement commercial de Lourenço-Marquès dans les dernières années, justifiant cette préférence accentuée .

Années		Importance
1892	.... *Contos de reis* (2)	1.655
1893	....	2.497
1894	....	3.284
1895	....	4.495
1896	....	9.797
1897	....	15.657
1898	....	13.084
1899	....	17.622
1900	....	19.247
1901	(guerre du Transvaal)......	9.729
1902	....	13.214
1903	....	22.000

(1) La commune de Lourenço-Marquès a été élevée à la catégorie de *villa* (bourg) par le décret du 19 septembre 1876, un an après la publication de la sentence arbitrale de Mac-Mahon (24 juillet 1875) et à la catégorie de ville en 1887 (Décret du 10 novembre).

(2) *Le conto de reis* équivaut approximativement à 5.000 fr. Le franc vaut 200 *reis*.

Le gouvernement général du Mozambique se divise en gouvernements subalternes ou de districts. Ceux-ci sont : Mozambique, Zambézie, Lourenço-Marquès, Inhambane, Tete et le district militaire de Gaza (1), créé pendant la guerre de 1895 contre le Gungunhana.

La capitale du district de Mozambique est la ville de Saint-Sébastien de Mozambique, située dans l'île de Mozambique (2). La capitale de la Zambézie (3) est la *villa* (bourg) de San-Martinho de Quelimane ; celle du district de Tete, la *villa* de San-Thiago Maior de Tete; celle du district d'Inhambane, la *villa* du même nom. Le district de Lourenço-Marquès a pour chef-lieu la ville de Lourenço-Marquès (4). Le siège de l'administration de Gaza est à Chibuto.

Les autres territoires de la province sont sous

---

(1) Voir *Gaza*, par Gomes da Costa.

(2) La population de l'île de Mozambique, chef-lieu officiel de la colonie, était de 12.000 habitants en 1887. On l'évalue aujourd'hui à 30.000 âmes (H. Hauser. *Le Mozambique.* « *Questions diplomatiques et coloniales* ».) L'île de Mozambique n'a que trois kilomètres de longueur et 200 à 500 mètres de largeur. Elle est basse, à base de corail; sa position est de N.-E. à S.-O.

Caldas Xavier (*La Zambézie*, p. 49) est d'opinion que la capitale de la colonie devrait être la *villa* de Quelimane.

Le commissaire royal Antonio Ennes (*Mozambique*. Lisbonne, 1893), dit que « le district de Quelimane est réellement la meilleure région de la province ».

(3) Le nom de Zambézie a été donné à la région de Rios de Sena par le Déc. du 4 fév. 1858.

(4) La population de cette ville a été évaluée en 1904, à 10.119 habitants : 3.084 Portugais; 1877 étrangers européens; 1.690 Asiatiques; 3.468 indigènes. La population de Lourenço-Marquès était de 6.370 individus, en 1900, dont 1.915 Portugais.

l'administration des grandes Compagnies à droits plus ou moins restreints.

Les gouverneurs généraux (1) sont, en même temps, les chefs supérieurs des pouvoirs civils et militaires de la colonie. Les deux *commissaires royaux* nommés pendant la guerre avec le Gungunhana, (1895-1897), étaient dépositaires de tous les pouvoirs exécutifs, sous la tutelle du ministère, système de savante décentralisation qui a servi à amener la province au degré de prospérité qu'elle accuse aujourd'hui (2). Le gouverneur général est assisté d'un conseil de gouvernement (3), composé des plus hauts fonctionnaires de la province et du prélat de Mozambique. Le conseil de province, sous la présidence du gouverneur, est spécialement chargé des affaires du contentieux et de tutelle des commissions municipales (4). L'administration du Trésor public, sous la direction d'un inspecteur des finances, est, dans

(1) Voir, sur l'administration du Mozambique, Jonathon, *L'Afrique australe*.

(2) Les rapports publiés en 1895 et 1893 par les deux commissaires royaux, Ennes et Albuquerque, présentent un grand intérêt colonial. Ils sont, sans contredit, deux vrais modèles du genre.

(3) Le Conseil de gouvernement est composé du gouverneur, du secrétaire général de la colonie, du prélat du Mozambique, du juge présidant la Cour d'appel, des deux officiers de ligne du grade le plus élevé, du procureur du Roi, de l'inspecteur des finances, du chef du service de santé, du maire (président de la chambre municipale) et du curateur des indigènes.

(4) Les conseils de province se composent, en dehors du gouverneur et du secrétaire général, du procureur du roi et de deux membres choisis par le gouvernement local. A Lourenço-Marquès il y a une *junte consultative du district.*

une certaine mesure, indépendante du gouverneur. La magistrature judiciaire lui est complètement étrangère. Il y a un secrétaire général nommé par le Roi ; il est aussi le secrétaire des conseils de gouvernement et de province. Il est chargé, en outre, de la publication du *Bulletin officiel* de la colonie.

Les gouverneurs subalternes sont directement subordonnés aux gouverneurs généraux. Il y a dans la capitale de la province une direction des travaux publics et un conseil technique de ces travaux. Les districts se divisent en municipalités (*concelhos*), sous l'autorité de sous-préfets (*administrateurs*), charge qui revient aux secrétaires de gouvernement dans les chefs-lieux des districts du Mozambique.

Les habitants de toutes les provinces d'outre-mer jouissent des droits politiques accordés aux citoyens de la métropole.

L'enseignement primaire et professionnel sous la direction et le contrôle de l'autorité administrative, a pris, au Mozambique, un essor considérable (1). Il y a 47 écoles primaires de filles et garçons, une *école principale* et deux écoles d'Arts et Métiers, à Lourenço-Marquès et Mozambique (2), sans compter plusieurs écoles dirigées

---

(1) Paul Dislère. *Colonisation*, Paris, 1901. Voir : Décret du 30 nov. 1869, qui a réorganisé l'instruction publique aux colonies.

Un *conseil inspecteur de l'instruction publique*, présidé par le gouverneur et composé de cinq membres, est chargé de la surveillance supérieure des services d'instruction publique.

(2) Dans l'arsenal maritime de Catembe on admet des élèves des écoles d'Arts et Métiers, et ceux-ci forment un

ILE DE MOZAMBIQUE

Ville de Mozambique. — L'Hopital.

par les missions portugaises (1) et étrangères (Voir p. 16.)

Le district l'Inhambane est divisé en circonscriptions administratives.

Les *terres de la Couronne* du district de Lourenço-Marquès sont aussi divisées en circonscriptions.

Le district du Mozambique se divise en divers commandements militaires, subordonnés à la capitainerie majeure du Mussuril (2).

Dans le district de Zambézie, il y a un commandement militaire à Tete.

Les forces militaires de la province se composent de troupes d'infanterie, cavalerie et police. au nombre de 3.000 hommes environ, sous le commandement d'officiers européens. La compagnie de police militaire de Lourenço-Marquès (cavalerie et infanterie), dont les services ont été si ap-

---

bataillon scolaire, assujetti à la loi militaire. Les spécimens des travaux de l'arsenal de Catembe et des écoles d'Arts et Métiers ont mérité du jury de l'Exposition Universelle de 1900 les plus hautes récompenses et les plus chaleureux éloges. Voir : *Annuaire du Mozambique*, 1894.

(1) Il existe au Mozambique 14 écoles mixtes de missionnaires dans le district de la Zambézie, 3 dans le district militaire de Gaza et 7 dans celui de Lourenço-Marquès (*Notes du secrétariat général du ministère des Colonies*, 1903).

La mission Romande possède quatre stations dans le district de Lourenço-Marquès : Antioka, Tembe, Ihatuane et Lourenço-Marquès. Celle-ci a six succursales : Nhaçana, Rikatla, Maçanb, Mauhuane, Zihlakla et Macheba, dont chacune administre onze écoles fréquentées par 500 élèves.

(2) Les forces militaires de la province, en 1874, se composaient de 1.141 unités (Bordalo, liv. cit., p. 128). Dans les XVIᵉ et XVIIᵉ siècles, ces forces se composaient de trois corps de ligne : infanterie, chasseurs, artillerie; un régiment de milices et un bataillon d'ordonnances.

4.

préciés lors de la guerre de 1895 contre le Gungunhana, est composé de 170 à 300 unités.

Les troupes de ligne se composent d'une batterie mixte et de deux compagnies d'artillerie ; de deux escadrons de dragons ; de deux compagnies européennes d'infanterie ; de dix compagnies indigènes d'infanterie ; un bataillon disciplinaire ; quatre compagnies de dépôt ; deux musiques de régiment européennes ; sans compter les forces militaires à la charge des compagnies souveraines et les troupes de *deuxième ligne.*

Pour les services de la police et de la surveillance des fleuves, il existe au Mozambique trois escadrilles de canonnières à fond plat. (Voir 43.)

Les douanes de l'Afrique orientale forment un cadre à part (*circulo*), dont le siège est Lourenço-Marquès, avec des délégations à l'île de Mozamque, Quelimane, Inhambane. Ce circulo est administré par un directeur, appartenant aux cadres douaniers du royaume.

Compagnies de Colonisation [1]

VIII

L'histoire moderne du Mozambique se résume, à peu d'exceptions près, dans l'histoire des Compagnies colonisatrices que le gouvernement y a constituées comme instruments d'occupation et, par suite, de progrès moral et matériel. En 1824, on y créa la *Compagnie commerciale de Lourenço-Marquès*, avec le privilège de l'exclusivité du commerce dans la baie de ce nom. Ce privilège leur a été retiré en 1836. (Voir p. 24.)

Dans cette même année 1824, le gouvernement central avait accordé le privilège du commerce de l'ivoire à une autre Compagnie, qui exploitait les ports d'Inhambane et Lourenço-Marquès. Cette Compagnie a été aussi dissoute, par ordre royal. en 1834. Le décret de dissolution disait : « L'expérience a démontré que les petites Compagnies sont nuisibles à la colonie et au Trésor public. »

En 1838, on organisa au Mozambique une *Compagnie d'agriculture et de commerce*, dont le rè-

---

(1) Pour les Compagnies minières, voir p. 35 et suivantes.

glement a été approuvé, le 14 mai de la même année, par le Parlement portugais. Son capital était de deux millions et demi. Cette Compagnie n'a pas plus réussi que ses devancières.

La *Compagnie du Commerce de l'Opium* du Mozambique fut fondée en 1847. (Déc. du 26 novembre).

En 1853 furent jetées les premières bases d'une grande Compagnie à droits régaliens au Mozambique.

La *Compagnie Luso-Africaine de l'Afrique Orientale* fut fondée également en 1853 (*Opinion du Conseil d'outre-mer*, du 11 octobre).

Le gouvernement reconnaît, aujourd'hui, l'existence de 31 Compagnies de colonisation, disposant d'un capital de plus de 300 millions de francs.

Parmi les Compagnies actuelles, aux droits souverains, la *Compagnie de Mozambique*, au capital d'un million de livres, occupe la première place. Elle a été créée par les décrets des 11 février et 30 juin 1891. La *Compagnie du Nyassa*, qui possède aussi des droits souverains, a été reconnue par les décrets des 26 septembre et 13 novembre de la même année. La *Compagnie de la Zambézie*, à droits réduits, a été constituée par le décret du 25 mai 1892. Le décret du 11 février 1891 a accordé à la Compagnie de Mozambique (primitivement dénommée Compagnie d'Ophir) l'administration et l'exploitation des territoires de la province du Mozambique limités au Nord et au Nord-Ouest par le Zambèze, depuis son embouchure méridionale, et par la frontière du district de Tete ; à l'Ouest, par la frontière intérieure de la province ; au Sud, par le fleuve Save, jusqu'à

VILLE DE LOURENÇO-MARQUÈS

POLICE MILITAIRE A PIED.

son embouchure méridionale ; et à l'Est par l'Océan (Déc. du 17 mai 1897).

Cette Compagnie a réalisé de très importants travaux agricoles, surtout sur les *prasos* Andoane et Anguaze, desservis par de bonnes routes charretières, canaux navigables et voies ferrées, qui les relient à Quelimane et au fleuve Macuze. Les industries de l'extraction des textiles, du sel, de la préparation du riz, etc., y sont très développées. Dans les montagnes de Morumbala, la Compagnie possède plus de 150 hectares de plantations de caféiers, qui contiennent plus de 300.000 arbres. Le *Sansevieira Cylindrica*, ou *Inhacqnje* des indigènes, prospère à Messangire. On connait la valeur de cette plante textile, originaire de la région. Le coton (1) et le caoutchouc du Ceara y ont été introduits. C'est à Bompona, île de Inhangommas, que se trouvent ces grandes plantations de canne à sucre, qui s'étendent sur une surface de plus de 80 hectares, produisant plus de 5.000 tonnes de sucre. Près de Coroabaça, on a découvert des formations diamantifères. Des alluvions d'or existent sur les rives des fleuves qui arrosent ces territoires. (Voir p. 35.) Les Compagnies de Luabo, du Busi et de la Gorongosa sont sous-concessionnaires de la Compagnie du

(1) « La France est tributaire de l'Amérique pour la consommation annuelle de 800.000 balles de coton, ou deux cents millions de kilos. Les Anglais cultivent, avec succès, du coton au Chire, au Nyassa, etc. Or, l'exploitation de ce produit, dans la seule région de Luabo, qui s'y prête admirablement, suffirait à fournir la matière première que nous demandons à la culture américaine ». (Rapport de M. Angely, présenté le 24 août 1903 à l'*Association cotonnière coloniale française*.)

Mozambique, qui a été fondée au capital de 30 millions.

La *Compagnie coloniale du Buzi* jouit d'une concession de 17.118 hectares. Elle exploite la culture des cocotiers (chaque cocotier rapporte annuellement et en moyenne, au Mozambique, 800 reis, ou 4 francs), le caoutchouc et la canne à sucre. On y a essayé l'élevage du ver à soie.

Sur le territoire de la Compagnie du Buzi on a aussi essayé la culture du palmier à huile (*Elœis Guineensis*, Jcq.), qui a donné les meilleurs résultats.

Dans les territoires de Chissonguana, les *Landolphia*, productrices du caoutchouc, abondent un peu partout. Le commerce annuel d'échange avec les indigènes est évalué à plus de 60.000 livres sterling. (*Rapport de la gérance de la Compagnie* pour 1900, Lisbonne, 1901).

La *Compagnie agricole de Moribane* s'occupe presque exclusivement du commerce d'échange avec les indigènes.

La *Compagnie du Nyassa* étend sa souveraineté sur des territoires qui embrassent plus de 250.000 kilomètres carrés. Elle a été fondée en 1893, à un capital de 25 millions (1).

Un chemin de fer, dont la tête de ligne sera la baie de Pemba (2), mettra en communication les vastes territoires du Nyassa avec ce débouché

(1) Les recettes de cette Compagnie se sont élevées, en 1903, à 503.279 francs.

(2) En 1857 on a installé à Muguelo, près de Pemba, une colonie européenne.

du littoral. La ville de Port-Amélie a été fondée par cette Compagnie souveraine sur les rives de la baie de Pemba.

Cette baie est, sans contredit, le plus vaste et le mieux abrité des ports naturels de toute la côte orientale de l'Afrique (Almeida d'Eça, *Territoires compris entre l'Océan indien et le Nyassa*, p. 18).

La concession du Nyassa est très remarquable sous le rapport des minerais. La houille abonde dans les bassins carbonifères de Pemba (voir p. 36), et Itule. Le fer existe en grande quantité à Podo ; le *mica* à Namituko ; l'or dans toute la région de Rarico, entre le Lujenda et les monts Mandimba.

Dans la plaine des Macondes, (Nyassa), le *Landolphia florida* existe partout. M. d'Eça (*Territoires portugais entre l'Océan Indien et le Nyassa*) dit que la région qui s'étend du bas M'salu jusqu'au parallèle de Maiapa est fertile en caoutchouc et en copal. De Pemba jusqu'au Lurio, on cultive le sésame. Le coton se trouve bien acclimaté sur les monts Ajaus.

Le principal centre commercial de la Compagnie du Nyassa est la *Villa* de Ibo, où se tiennent encore des *foires* très courues. Le commerce de l'ivoire, pour le compte des *caravanes* (1), y est encore d'une certaine importance.

La *Compagnie de la Zambézie* (2) a augmenté ses concessions (155.000 kilomètres carrés) accor-

(1) Les chefs indigènes de ces caravanes sont connus sous la dénomination de *Mussambazes* (Bordalo, liv. cit., p. 211).

(2) La Compagnie a exporté en 1902 pour plus de 200.000 kilos de coprah et 350.000 kil. de sésame et arachides.

dées par le décret du 19 avril 1894, ce qui lui a permis de porter son capital à 15 millions de francs.

Cette Compagnie s'est particulièrement distinguée de ses similaires par la grande impulsion donnée aux travaux agricoles dans le Bas-Zambèze, où elle a mis en état de production les plantes tropicales de la plus haute valeur commerciale. L'exploitation des salines de la rive droite du fleuve Macuze est aussi une de ses entreprises dignes de remarque.

La *Compagnie du sucre du Mozambique*, créée par le décret du 10 septembre 1890, a pris à bail quelques terrains du district de Quelimane. Il existe encore au Mozambique plusieurs autres Compagnies, constituées pour l'exploitation de *prasos da coróa*. La compagnie des *Perles de Bazaruto*, (1891) (1), celle de Borór, (1899), et quelques autres de moindre importance complètent ce relevé.

Parmi les Compagnies sucrières, citons la *Compagnie sucrière de l'Afrique orientale portugaise*, fondée en 1900, dont la production annuelle s'élève à 4.000 tonnes, et la *Compagnie sucrière de Marromeu*, de fondation récente également. (Voir p. 96.)

---

(1) L'archipel de Bazaruto se compose de 7 iles, dans la plus grande desquelles, l'ile de Bazaruto, qui mesure 18 milles de longueur et quatre de largeur, est établi le siège de la Compagnie des Perles. La baie de Inhassengo, dans l'ile de Bazaruto, est à l'abri des vents prédominants et offre un bon ancrage aux navires de tout tonnage.

POLICE MILITAIRE A CHEVAL

Chemins de Fer

IX

Le chemin de fer de Lourenço-Marquès à Prétoria a été projeté, en 1860, par un commerçant de la première de ces villes. Commencé, en 1870, par Forsmann et Munich ; concédé à M. Moodie en 1872 ; mis à la charge du président du Transvaal, M. Burgers, en 1875 (Voir : Traité luso-transvaalien du 7 oct. 1882), il est finalement tombé aux mains du financier américain Mac Murdo, (1883), directeur de la *Delagoa-Bay and East African Railway C°* (1). Tout le monde connait l'histoire tourmentée de cette concession, dont le gouvernement portugais a payé cher la facilité avec laquelle il a accordé un si grand privilège (2). En décembre 1887, ce chemin de fér était construit sur un parcours de 80 kilomètres.

C'est le gouvernement portugais qui en a construit les derniers tronçons (10 kilom.) jusqu'à la frontière du Transvaal, en 1890. Il a donc fallu trente ans et les péripéties que l'on sait pour ter-

(1) *Les chemins de fer coloniaux*, de Renty, Paris, 1903. *Caminhos de ferro ultramarinos*, Belchior Machado. Darcy, *La Conquête de l'Afrique*.

(2) Mac Murdo est mort en 1889. Le gouvernement portugais saisit la ligne, par suite de non exécution dans les délais convenus, le 25 juin 1889.

miner ce petit réseau de chemin de fer qui est, sans contredit, à l'heure actuelle, l'un des plus importants de toute l'Afrique. Les protestations récentes et inacceptées des colonies du Cap et du Natal ne le prouvent que trop. Examinons les chiffres probants qui suivent.

TABLEAU DES RECETTES DU CHEMIN DE FER DE LOURENÇO-MARQUÈS A PRÉTORIA, PAR KILOMÈTRE

Années		Importance
1891	............Mil reis	1.395.000
1892	....	1.081.000
1893	....	968.000
1894	....	1.524.000
1895	....	1.297.000
1896	....	1.510.000
1897	....	3.275.000
1898	....	1.072.000
1899	..................(1)	2.447.000

La suprématie du port de Lourenço-Marquès, qui ressort de ces chiffres, a été imposée par le commerce du Transvaal, dans la dernière grande réunion douanière et commerciale des éléments producteurs des trois colonies, Lourenço-Marquès, Capetown et Natal. Voici quel a été, du 20 au 27 février 1904, le mouvement des marchandises destinées au Transvaal pour les trois voies différentes qui se le disputent :

Chemin de fer du Cap	............Tonnes	12.539
Chemin de fer du Natal	....	21.567
Chemin de fer de Lourenço-Marquès	....	24.918

(1) En 1902, les marchandises en transit par le chemin de fer, représentaient le poids de 249.670 tonnes. En 1903, ce chiffre s'est élevé à 453.000 tonnes.

Le chemin de fer de Lourenço-Marquès a transporté, en 1899, 81.117 voyageurs. Ce chemin de fer a coûté, à l'Etat portugais, 7.000 *contos de reis* (35.000.000 fr.) à peu près.

La voie ferrée de Mogurrumba à Sena est, selon Caldas Xavier (*La Zambézie*, p. 19), un des grands projets dont dépend la transformation de cette région de *colonie de commerce* en *colonie de plantations*.

Le chemin de fer de Beïra à Umtali (Rhodezia) parcourt une distance de 328 km. 500, pour se relier au chemin de fer du Cap. Beïra est ainsi destiné à devenir un autre Lourenço-Marquès sur la côte (1). Ce chemin de fer, commencé en octobre 1887, fut terminé en mars 1891, ou plutôt en 1896, avec les difficultés que les terrains marécageux occasionnèrent, et le sol montagneux près de la frontière du Mashonaland. Ce n'est que le 1er août 1900 que ce chemin de fer à voie large fut livré à l'exploitation.

C'est un ingénieur français, M. Pouhin, qui étudia le tracé du chemin de fer de Beïra en 1891. Cette voie ferrée fut construite sans subvention ou garantie d'intérêts du gouvernement, par la *Beïra Railway Company*, sous-concessionnaire de la Compagnie du Mozambique. Le chemin de fer de Beïra a transporté, en 1897, 4.000 voyageurs. Ses recettes ont été, en 1893, de 20.123 livres sterling ; en 1895, de 51.617 ; en 1896, de 83.134. Dans les

---

(1) Beïra sera le point de départ des trains allant au Cap ou se rendant, au travers de l'Afrique, dans l'Angola. De Renty, ouv. cité, p. 140.

Compagnies portugaises de colonisation, Tito de Carvalho, 1902. Lisbonne.

mois de juillet à octobre 1897, elles ont atteint 96.899 livres sterling (1).

Parmi les chemins de fer en projet ou en voie d'exécution au Mozambique, il faut signaler celui de Quelimane au Ruo, tributaire du Chire, et deux autres, de Beïra au Zambèze et de Macequece à Chimesi. La ligne du Ruo se prolongera vers le lac Nyassa, et, plus tard, jusqu'au Tanganyka.

Les recettes des chemins de fer de Lourenço-Marquès et Beïra tendent à augmenter, avec l'extension donnée aux exploitations minières et agricoles et, il faut l'avouer, sous l'influence du développement croissant des territoires anglais limitrophes qu'ils desservent.

(1) Les recettes de cette ligne en territoire portugais ont été de 7.876.150 fr. en 1901 et les dépenses de 6.935.975 fr. Les recettes en 1902 ont atteint 8.151.750 francs; et les dépenses à peine 5.433.500 francs.

Agriculture — Commerce — Finances

X

L'avenir de la fertile terre du Mozambique, disait un écrivain colonial, il y a 44 ans, est dans l'agriculture (1). En effet, le Mozambique est d'une fertilité remarquable dans toutes ses régions agricoles. Exception faite de la petite bande de littoral sablonneuse ou marécageuse que nous avons indiquée (voir p. 32 et suivantes), les zones agricoles (malheureusement loin d'être mises en valeur), sont d'une fertilité incomparable. Dans son rapport au Parlement, en 1899, le ministre des colonies affirme, qu'avec des terrains d'une si admirable fertilité, l'avenir du Mozambique est réellement assuré.

Rebello da Silva, l'un des ministres des colonies les plus remarquables du Portugal, a écrit dans un de ses rapports :

« Le Mozambique a été doué par la nature avec la plus grande libéralité. Ce territoire très vaste

(1) Ch. Vogel, *Le Portugal et ses colonies*, Paris, 1860. p. 578.

et très riche possède les produits agricoles les plus recherchés ; il est recouvert d'immenses forêts de bois précieux et est entouré de mers qui se déroulent sur le rivage en perles de blanche écume.

« Céréales, fruits, viandes, volaille, poisson, or, fer, cuivre, bois de construction, en un mot tout ce qui peut enrichir une grande région, la province peut l'extraire de son sein, et sans grand effort ». (Rebello da Silva, cité par de Figueiredo, dans l'ouvrage *Le Portugal*, p. 97).

« Le Mozambique est, sans contredit, la plus riche des colonies portugaises. (*Rapport sur la la guerre de la Zambézie* en 1888, par Augusto de Castilho.)

« Située entre le Zanzibar et le Natal, la province du Mozambique n'est inférieure en rien à aucun de ces deux pays : elle leur est de beaucoup supérieure par ses ports si nombreux, par ses voies naturelles de communication qui permettent d'atteindre facilement et économiquement les plus grandes distances de l'intérieur. (*Rapport du consul anglais* de Lourenço-Marquès, M. O'Neill, 1895).

Sur les productions du sol de Quelimane, voir : *Voyage de Mozambique à Rios de Senna*, par le Dr Lacerda et Almeïda, (1889, Lisbonne, p. 7).

Charles Vogel, dans son livre *Le Portugal et ses colonies* (Paris, 1860), écrit, au sujet des facultés productrices du Mozambique : « Les colonies qui forment la province de Mozambique offrent une grande et très riche variété de productions. » (Liv. cit., p. 562.) Examinons donc les productions de ces différentes régions.

Dans le district de Cap Delgado, sous l'administration de la Compagnie du Nyassa, les indigènes cultivent le maïs et le riz. L'activité de l'Européen y est très restreinte.

Les nègres échangent avec les marchands de la côte, parfois étrangers, la gomme copale, le caoutchouc, la cire, le miel d'abeilles, le tabac, le coton (1) et l'orseille. Le commerce de l'ivoire y conserve une certaine importance. C'est à Ibo que se trouve, comme nous l'avons dit, le centre indigène de ce commerce. Le cocotier abonde dans la zône du littoral. On y a fait des essais satisfaisants de culture de canne à sucre et d'indigo. Les essences forestières de ce district ont une grande renommée. A Ibo, on cultive le café. On y a même découvert récemment le *Coffea Ibo.*

Le district de Mozambique et Angoche a été aussi très négligé par les colons européens au point de vue de l'agriculture. Ce sont encore les caravanes indigènes qui monopolisent le commerce des produits du sol. L'ivoire y a presque disparu.

Les principaux produits d'exportation sont : le sésame, les arachides, l'orseille et le copal.

Le café pousse bien dans les montagnes de Macuana ; mais l'Européen a complètement négligé cette culture.

---

(1) Le gouverneur Pereira Marinho (1840-41) a donné une certaine impulsion à la culture et préparation du coton (*Gossypium barbadense*) en appelant au Mozambique des tisseurs de Damão et Dîu. En 1879 on y essaya la culture de l'opium.

A Neves Ferreira, circonscription de Manica et Sofala, on a essayé avec succès, en 1902, la culture de la même espèce de coton.

Il faut avouer que le Portugal a créé depuis longtemps au Mozambique les facteurs les plus remarquables de son développement commercial et surtout de son autonomie. Le régime des *prasos da corôa* — un de ses facteurs — consiste (1) dans l'affermage du recouvrement des impôts dus par les indigènes (*mussoco*). On l'a dénommé (2) domaine cédé en propriété moyennant un bail emphytéotique. Une des plus grandes *preuves* de respect pour la domination européenne que puisse nous donner l'indigène, est celle qui consiste à payer des redevances à l'Etat ou à ses représentants. Le gouvernement provincial divisa donc les régions les moins sûres entre les *prasos da corôa* et la location des terres domaniales fut faite aux enchères publiques.

Le locataire ou son représentant fut, dans ces régions louées à bail, l'agent de l'autorité (3). Il fut le juge pour décider des *milandos*; il fut le général commandant les cipayes. Le locataire fut obligé de créer des écoles-officines pour les indigènes, et de faire progresser ceux-ci moralement et matériellement.

Pour un petit pays colonisateur, ne possédant que peu de colons et pas assez de capitaux, le procédé est considéré comme excellent. La pratique l'a prouvé. C'est par ce système qu'on arriva à

(1) Portugal Durão, *Conférence sur la Zambézie*, 1901, Lisbonne.

(2) Le régime de l'emphytéose y a réellement été en vigueur jusqu'en 1880 (Caldas Xavier, *La Zambézie*, p. 40). Voir : *Estudos sobre as Provincias Ultramarinas*, par Andrade Corvo, tom. II.

(3) Ce régime vient d'être essayé en Guinée portugaise avec un réel succès.

ILE DE MOZAMBIQUE

s'installer sans frais pour l'Etat, dans beaucoup de régions *inoccupables* du Mozambique.

Ce régime a été, selon M. Durão (*La Zambézie*, p. 22), un instrument d'occupation de tout premier ordre. C'est le système initial qui a donné le plus d'avantages dans les colonies portugaises.

En effet, l'intérêt du locataire, — puisque son seul revenu c'est l'impôt de capitation des indigènes, — est, d'abord de conserver ceux-ci dans les territoires qu'il *gouverne* ; ensuite, d'obtenir le payement des impôts avec le moins de travail et de danger possible. La loi qui leur octroya ces avantages, exigea, en compensation, que les locataires du *praso* fissent cultiver, dans un laps de temps très limité, une superficie raisonnable des terrains concédés.

Mais il faut avouer que le propriétaire d'un *praso* est aussi résolu à percevoir le montant des impôts indigènes, qu'il est décidé à ne pas demander du travail aux nègres du *praso*. Cette clause de la culture des terres a donc été, pour la plupart, systématiquement... oubliée. Comme on le voit, le régime des *prasos da corôa* n'est pas un système à appliquer à toutes les colonies en voie d'exploitation régulière du sol ; il est tout simplement un moyen d'occupation facile, qui constitue la première étape de la colonisation. L'exploitation des terres en est la deuxième. L'Ordonnance royale du 15 novembre 1818 dit, à ce sujet, que le gouvernement a créé les *prasos*, en utilisant à son profit l'espèce de *féodalité* existant dans les vastes territoires des rios de Sena et Sofala. Il a pris comme principe de maintenir l'autorité des chefs indigènes — *fumos et inhacuanas*, — en plaçant près d'eux, comme dans le régime colonial hollandais un agent portugais (1), — le locataire du *praso*. Le mode même du payement de l'impôt obéit aux usages particuliers des indigènes.

Les *prasos da Corôa* (2) exportent surtout du caoutchouc, du coprah, des arachides, du sésame ; et les plantations y existantes sont partout bien soignées.

Pour les besoins locaux, la Zambézie produit, en grande quantité, le riz, le *mapira* (sorte de millet), le maïs et les haricots.

L'Etat y administre directement quelques *prasos*. Le café est très répandu dans toute cette riche zone agricole. Ce district, d'une superficie deux fois supérieure à celle du Portugal, desservi par les deux grandes artères fluviales du Zambèze et du Chire, est, sans doute, appelé à un heureux avenir dans l'histoire future du Mozambique, si les sages mesures du gouvernement, — comme il est à prévoir, — leur conservent la main-d'œuvre qui y est abondante et à bon marché.

Dans la Zambézie, — où existe le régime des *prasos da corôa*, sous le contrôle d'un bureau officiel dénommé *Inspection générale des prasos da corôa*, — la culture du sol est, grâce à ce système, beaucoup plus avancée que dans les autres régions de la province.

Le régime indien des *Prasos da corôa* n'a été (3)

---

(1) Chailley-Bert. « *Java et ses habitants* ».

(2) Depuis la nouvelle réorganisation de 1903, les *prasos da corôa*, donnés à bail, rapportent à l'Etat des revenus nets de plus de 350.000 francs.

(3) Le Décret du 6 nov. 1838, l'Arrêté royal du 16 juillet 1851 et les Décrets du 26 juillet 1854 et 27 octobre 1880 ont apporté des modifications radicales à cette utile institution.

implanté au Mozambique qu'en 1851. (Arrêté royal du 26 juillet.)

Ce régime est enraciné dans les mœurs des indigènes. Les impôts de capitation (1) et paillote, (*Administration coloniale portugaise*, par Ayres d'Ornellas, Lisbonne 1903), sont traditionnellement, pour le *Bantu*, le signe sensible du vasselage.

La Witwatersrand Native Labour Association engage dans la Zambézie 6 à 8.000 indigènes par mois, pour les mines du Rand; mais ils retournent, pour la plupart, chez eux, à la fin du contrat, et emploient toujours le capital qu'ils en rapportent à l'exploitation des terres portugaises. L'introduction récente des *coolies* dans le Rand ne saura modifier sensiblement cet état de choses, contre lequel cependant les planteurs du Mozambique protestent.

Sur le continent, en face de l'île de Mozambique, et dans quelques endroits du district de Tete (2), le café existe spontané. Le blé pousse admirablement à Tete. La culture du thé a été essayée, avec succès, à Inhambane. Le commissaire royal, de Albuquerque, a ordonné la culture du café d'Inhambane sur les territoires appropriés des *commandements militaires*. Les *M'chope*, indigènes du Sud de la colonie, très adonnés à la culture des terres, ont déjà fait des *machambas*

(1) Le *mussôco* ou impôt de capitation, est de 800 *réis* annuellement par nègre colon ; la moitié se paie en travail agricole, le reste en argent ou en produits d'exportation.

(2) Dans le commencement du siècle dernier, il existait à Sena des usines pour la préparation de l'indigo.

(plantations) appréciables. Le caoutchouc extrait des *Landolphia* abonde dans les forêts de Moginquale et Sangage, du district de Mozambique.

Le district d'Inhambane produit le café de cette dénomination, petit comme un grain de blé, d'une qualité exquise. Le caoutchouc d'Inhambane extrait de la liane *müngo*, est très apprécié sur les marchés d'Europe. Tout ce district constitue une ancienne région agricole d'une importance considérable.

Les arachides, le maïs, le riz et la canne à sucre y poussent admirablement. Les indigènes échangent, contre les produits européens des négociants Portugais et Français établis dans le chef-lieu du district, le caoutchouc, le coprah, la cire blanche, les peaux d'animaux sauvages et les arachides.

Le district de Lourenço-Marquès est fertile en caoutchouc au Nord du fleuve Incomati. Le tabac y pousse spontanément partout, comme d'ailleurs dans les autres districts du Mozambique. L'indigène apporte aux marchés de la côte, du caoutchouc, du sésame, de l'orseille d'arbres et de pierres, de l'ivoire, du copal et de l'or brut.

Sur les territoires de Manica et Sofala, appartenant à la *Compagnie du Mozambique*, les mêmes produits d'exportation abondent partout. Parmi les essences forestières exploitées dans ces territoires, il faut citer en première ligne les *Rhysophoras* (palétuviers), bois de facile manipulation et transport, puisque les *Rhysophoras* habitent, comme on le sait, les rives des fleuves et les bords de la mer.

On y trouve partout le tabac et le café sauvages.

Dans la vallée du Busi, des expériences de culture du blé ont donné les résultats les plus satisfaisants. C'est, cependant, le commerce et l'exploitation de l'or qui attirent le plus l'attention de la Compagnie.

La *Compagnie de la Zambézie* exploite les *prasos da coróa* existant dans sa concession et dont l'activité agricole a été déjà signalée. Mais ce sont les régions aurifères du Nord du Zambèze et la région carbonifère de Tete (1) qui attirent plus particulièrement son attention (2).

Tout le commerce de la colonie passait, en 1845 encore, par la douane de l'île de Mozambique. Voici le relevé de ce commerce pour l'année (3) :

IMPORTATIONS	
Marchandises nationales..........	1.348.510 fr.
Marchandises étrangères.........	1.040.915 —
EXPORTATIONS	
Marchandises étrangères..........	93.555 —
Produits manufacturés, portugais et étrangers.....................	819.450 —
Produits de la colonie............	1.267.900 —
ARGENT MONNAYÉ	
Importé	2.500 —
Exporté	69.960 —
Total........	4.642.790 —

(1) On a constitué, depuis huit ans, à Lisbonne, une Compagnie pour exploiter les mines de charbon de Tete.

(2) Sur les travaux exécutés dans ces territoires, voir : de Carvalho, *Les Colonies portugaises*, pages 220 à 260.

(3) Les décrets des 30 juin 1877, 21 octobre 1880, 18 août 1881, abolirent le privilège du commerce du Mozambique, réservé au pavillon portugais. Ce fut le signal de la transformation économique de la colonie.

Les principaux produits exportés par la colonie étaient l'ivoire, l'eau-de-vie, le copal et les dents d'hippopotame.

Les revenus douaniers étaient, à cette époque, de 522.775 fr., y compris les droits perçus sur le trafic des esclaves, qui étaient de 986.905 francs en 1836 et de 637.585 francs en 1837, ce qui prouve que la traite des nègres commençait à diminuer.

Ce mouvement commercial est resté à peu près stationnaire pendant plus de vingt ans.

En 1871, le mouvement général des affaires atteignit 9,133,385 francs. Cette augmentation s'accentua progressivement. Le principal commerce de la colonie, qui se trouvait, comme il a été dit, aux mains des *Monhés*, se faisait alors avec Bombay (2,758,000 fr.). Marseille et les ports anglais y entraient pour un chiffre important (1.168.500 francs). Le Portugal ne figurait dans la totalité que pour 121,855 francs ! En 1877, ce commerce, se trouvait réduit à 8.278.965 francs. Le gouvernement portugais s'inquiéta et établit un système protectionniste (Loi du 30 juillet 1877), dont le dernier jalon a été posé en 1892, par le tarif douanier, encore en vigueur au Mozambique.

En 1879, le mouvement commercial de la province s'élevait déjà à 10,775,265 francs. Il atteignait 13.753.265 francs en 1884, et 18.773.005 fr. en 1887.

Le principal produit d'exportation était, en 1887, le caoutchouc (1.839.220 fr.) Venaient ensuite l'ivoire (1.665.100 fr.) et l'arachide (917.420 fr.). Les principaux débouchés de ce commerce étaient encore l'Angleterre, (2.155.670 fr.) et la France (494.590 francs).

C'est précisément de 1887 que date le vrai progrès actuel de la province du Mozambique, déchue au commencement du XIXe siècle, et restée dans un état stationnaire jusqu'à la première moitié du dit siècle.

Le Portugal, jouissant alors d'une grande tranquillité intérieure bien établie, a regardé d'un œil attentif ses vieilles colonies, presque oubliées déjà. Dans les répertoires des lois d'outre-mer, cette période est réellement féconde en mesures tendant à relever les possessions portugaises, moralement et matériellement. Une série de circonstances spéciales d'ordre international; l'élan manifeste des affaires coloniales d'il y a vingt-cinq ans; justifient les progrès, qu'à dater de cette époque, les statistiques de cette possession accusent si éloquemment (1).

Voici, chiffres à l'appui, la marche ascensionnelle de son mouvement commercial :

Années	Importance
1887	18.773.010 fr.
1888	19.130.570 —
1889	20.552.510 —
1890	27.074.080 —

(1) Les différentes phases de la vie commerciale de cette possession se montrent bien dans le tableau ci-dessous, extrait d'une étude récente :

« Malgré l'absence de documents de l'époque, on peut évaluer le mouvement commercial du Mozambique :

En 1809 à	fr.	1.500.000 »
En 1812 à		7.500.000 »
En 1900 à.....................		187.000.000 »

(*Epopée portugaise*, Paris 1902).

Années	Importance
1891	25.282.000 —
1892	24.344.375 —
1893	29.559.145 —
1894	31.369.795 —
1895	44.131.325 —
1896	74.543.405 —
1897	113.323.430 —
1898	108.168.095 —
1899	120.000.000 —
1900	187.000.000 —
1901 (1er sem.)..	107.750.000 —
1902	145.500.000 —
1903	148.000.000 —

Devant l'éloquence de ces chiffres, il est bon de rappeler quelles ont été les recettes des colonies portugaises dans la période qui a précédé celle-ci. En voici le relevé, de huit en huit ans environ :

Années	Importance
1850	3.970.000 fr. (1)
1856	4.723.000 —
1863	5.778.000 —
1870	8.135.000 —
1879	10.877.000 —
1886	15.824.000 —

Les recettes totales (2) du district de Lourenço-Marquès, à elles seules, ont monté, en 1903, à 12.408.888 fr. — presque autant que les recettes de toutes les possessions portugaises en 1886.

(1) Les *Colonies Portugaises*, J. J. Rodrigues, Lisbonne, 1888.

(2) Les recettes douanières du Mozambique, en 1903, ont été de 9.348.000 fr., supérieures par conséquent à son mouvement commercial général en 1842. Les recettes douanières

DISTRICT DE LOURENÇO-MARQUÈS

L'activité des affaires se manifeste surtout dans les ports de Lourenço-Marquès et Beïra, ces deux grands entrepôts à vie cosmopolite, sur lesquels la souveraineté du Portugal est garantie, non seulement par les soins que ce pays apporte à ses progrès, mais surtout par la variété des intérêts internationaux qu'on y traite et qui, sans se heurter, empêchent les convoitises de trop se manifester et servent les intérêts permanents de la petite puissance neutre.

Dégageons de ce mouvement général, pour mieux le faire ressortir, le chiffre très important qui se rapporte à Lourenço-Marquès, le port naturel du Transvaal, chiffre d'affaires qui grossit surtout à partir de 1893 :

Années	Importance
1889	5.977.010 fr.
1890	12.229.485 —
1891	7.360.640 —
1892	8.278.745 —
1893	12.489.735 —
1894	16.470.465 —
1895	22.478.850 —
1896	48.985.660 —
1897	78.288.065 —
1898	65.422.985 —
1899	97.900.000 —
1900	106.660.000 —

---

de Lourenço-Marquès y figurent pour 4.705.000 fr. Dans le premier trimestre de 1904 le mouvement commercial de la province a été atteint 35.500.000 fr., se divisant comme suit: Lourenço-Marquès, 29.850.000 fr. : Inhambane, 1.150.000 fr.; district du Mozambique, 1.952.000 fr., Quelimane, 700.000 fr.; Tete, 25.000 fr. Le reste provient du rendement des autres douanes de moindre importance.

Le montant de la valeur commerciale du Mozambique (excepté les territoires du Nord, sous l'administration des compagnies), a été ,en 1903, par districts douaniers :

Lourenço-Marquès ....Fr.	138.077.000
District de Mozambique	9.000.000
Inhambane	6.022.000
Chinde	5.316.000
Quelimane	4.311.000
Tete	185.000
Autres douanes	91.660

(A. Ribeiro, *Le Présent et l'Avenir des colonies portugaises* (1), Lisbonne, 1904.)

Dans le premier trimestre de l'année 1904, le mouvement commercial du Mozambique a atteint le chiffre de 7.000 *contos de reis* (35.500.000 fr.). Lourenço-Marquès y entre pour 5.970 *contos* (29.850.000 fr). On peut donc prévoir, à la fin de l'année, un mouvement d'affaires non inférieur à 140.000.000 de francs.

En 1899, l'importance des marchandises en transit pour le Transvaal s'élevait à 37.193.435 fr.

Sur les territoires administrés par la *Compagnie du Mozambique*, l'augmentation des affaires n'en est pas moins évidente.

Voici le relevé du mouvement commercial de ces territoires, selon les documents des douanes

(1) Dans ce total on comprend, évidemment, le mouvement de quelques douanes qui échappent à l'administration directe de l'Etat.

de Chiloane (jusqu'en 1892) et de Beïra (jusqu'en 1901) :

Années	Importance
1889	341.440 fr.
1890	204.225 —
1891	131.170 —
1892	1.104.565 —
1893	3.078.230 —
1894	3.821.760 —
1895	7.233.265 —
1896	11.530.820 —
1897	19.977.990 —
1898	27.725.315 —
1899	17.314.775 —
1900	53.931.849 —
1901	31.721.880 —

On prévoit facilement quel rôle jouent déjà, et joueront à l'avenir, dans la vie commerciale de l'Afrique Orientale, ces deux grands centres d'activité croissante, dont les progrès merveilleux sont constatés par les chiffres officiels qu'on vient de lire.

Comme pour Lourenço-Marquès, le transit des marchandises pour la Rhodezia anglaise, compte pour beaucoup dans la totalité du mouvement commercial de Béïra.

Il représente, en 1899, à peu près cinq millions de francs.

Les douanes de Ibo et ses délégations, par où passent les affaires de la Compagnie du Nyassa, ont encaissé, en 1903, 210.152 francs de recettes, 56.906 francs de plus qu'en 1902. Le mouvement commercial de ces territoires a été, dans la même année, de 3.533.958 francs : 1.530.381 francs pour l'importation ; 2.003.958 francs pour l'exportation.

Etablissons le tableau du mouvement comparatif des différents districts, en *contos de reis*, pour mieux faire ressortir l'importance de chacun d'eux :

Années	Mozambique	L.-Marquès	Inhambane	Quelimane
—	—	—	—	—
1893...	1.039	2.497	307	887
1894...	842	3.294	291	1.079
1895...	826	4.495	426	1.033
1896...	995	9.797	516	846
1897...	1.261	15.657	461	736
1898...	1.245	13.084	434	837
1899...	955	17.623	384	1.422
1900...	2.695	19.247	990	3.019
1901...	2.799 (1ers s.)	8.366 (1ers s.)	710	2.672

Ce qui caractérise l'état actuel du commerce au Mozambique, c'est qu'il est, dans une grande proportion de la totalité, un commerce de transit pour les pays étrangers (1). On dira, sans doute, que la prospérité venant de ces sources n'est pas une prospérité réelle et durable ; mais la colonie tend à s'émanciper de cette *contribution* de l'étranger, en exploitant ses richesses naturelles, qui sont énormes, et en se rapprochant chaque jour davantage de la mère-patrie au point de vue des affaires.

(1) La métropole a exporté à destination de Lourenço-Marquès : en 1899, 734 *contos de reis* de produits nationaux ; en 1900, 1.078 *contos* ; en 1901, 676 *contos* ; en 1902, 1.074 *contos* et en 1903, 1.620 *contos*.

En dégageant du chiffre total des affaires de la province, en 1899 par exemple (120.000.000 fr.), l'importance des marchandises en transit pour le Transvaal et la Rhodésia par les douanes portugaises (42.000.000 fr.), on verra nettement que, si ces causes de progrès indirect existent, elles ne sont pas les seules, et que la province a des ressources énormes de vitalité pour le jour où elles feront défaut, — jour qui n'approche pas heureusement.

Comme dans toutes les colonies de ce genre, les importations dépassent de beaucoup les exportations.

Voici le relevé, en *contos de reis*, des importations et des exportations par les douanes de Lourenço-Marquès dans les années ci-dessous (1) :

Années	Importations	Exportations
1890	1.745	101
1891	1.222	11
1892	1.042	111
1893	1.360	72
1894	996	242
1895	1.328	127
1896	2.823	40
1897	3.395	170
1898	3.384	76
1899	2.395	382

(1) Les services de charge et décharge des marchandises dans les douanes de Lourenço-Marquès ont subi, dans les trois dernières années, une transformation radicale. Ils sont aujourd'hui effectués avec une grande facilité, aussi

Dans les douanes de Beïra, on constate le même fait, que les chiffres ci-dessous viennent confirmer :

Années	Importations	Exportations
—	—	—
1890	33	17
1891	9	17
1892	153	45
1893	461	117
1894	486	70
1895	707	81
1896	1.328	81
1897	2.042	143
1898	4.100	140
1899	2.464	128

Le mouvement de ces deux ports, Lourenço-Marquès et Beïra ,est nécessairement en rapport direct avec leur importance commerciale.

---

bien que dans les meilleurs ports des colonies anglaises. Le 30 mai 1901, on y a inauguré des nouveaux quais, des hangars et des services de traction électrique qui rendent les plus grands services à la navigation.

L'impulsion donnée aux affaires du Mozambique, dans ces dernières années, spécialement à celles de Lourenço-Marquès, est due, en grande partie, à l'énergie et à la ténacité du général Gorjão, — le Galieni Portugais, — qui, après avoir donné les preuves de ses hautes qualités d'administrateur colonial, a assumé la tâche, comme ministre des Colonies, de faire progresser cette vaste et riche possession de l'Afrique Orientale Portugaise, où son nom ne saurait s'oublier.

Voici le relevé du nombre de navires, à vapeur et à voiles, rentrés dans ces ports :

Années	Lourenço-Marquès	Beira
1892	228	69
1893	252	102
1894	265	118
1895	363	115
1896	33	178
1897	534	243
1898	522	270
1899	503	290 (1)

C'est le pavillon anglais qui se voit le plus fréquemment dans tous les ports de la colonie. Viennent ensuite les navires portugais, puis les bâtiments français et allemands. En 1900, 814 navires entrèrent dans le port de Lourenço-Marquès; il en entra 799 en 1901, 574 en 1902 et 704 en 1903.

Les recettes spéciales les plus importantes de la province, proviennent des impôts de paillote et des *prasos da corôa*, comme il a été dit. Le premier a produit 297 *contos de reis en* 1903, sur les territoires administrés par l'Etat; 50 *contos de reis* sur les territoires de la *Compagnie du Mozambique* et 8 *contos de reis* sur les territoires de la *Compagnie du Nyassa*. Le rendement total des *prasos* avait été évalué à 100 *contos de reis* en 1902 ; il s'est accru par suite des améliorations apportées à cet important service.

(1) En 1902 sont entrés dans le port de Beira 297 navires jaugeant environ 400.000 tonnes.

Les services postaux de la province sont aussi en rapport avec ce mouvement d'affaires surprenant. Le Mozambique a expédié, en 1903, pour le Portugal, 99.987 lettres ; 6.145 pour les autres possessions portugaises ; 154.717 pour le Mozambique même et 297.415 pour l'étranger. Rien que pour le Transvaal et l'Orange, le Mozambique a expédié 135.334 lettres.

Des pays étrangers il a été reçu, la même année, 389.514 lettres ; de la métropole 150.650 et 8.120 des autres colonies portugaises.

Le traité passé entre le Portugal et l'Angleterre, le 11 juin 1891, établit un droit de 3 % sur la valeur des marchandises exportées ou importées en transit entre la côte portugaise et la zône d'influence anglaise. Sur le fleuve Pungue et sur les routes ou chemins de fer qui donnent accès aux territoires britanniques, les droits de douane maxima sont aussi de 3 % (1).

(1) L'Acte de la Conférence de Bruxelles du 2 juin 1890 impose les restrictions douanières que l'on sait au commerce des boissons alcooliques en Afrique. C'est après la publication de ce document que la fabrication du sucre de canne a pris un grand essor au Mozambique par la constitution des Sociétés *Assucareira da Africa Oriental, do Assucar de Moçambique* et quelques autres. Elles ont exporté, en 1893, 221.366 kg. de sucre ; en 1897, 719.125 kg. et 1.008.950 kilog., en 1900. (Voir : p. 72.)

Flore

XI

Le Mozambique est celle des colonies portugaises, après l'Angola, où la flore a été le plus et le mieux étudiée. Les grandes collections de spécimens récoltées par les voyageurs portugais et étrangers, pendant la période d'exploration scientifique qui a suivi l'occupation militaire, à la fin du siècle dernier, ont été soigneusement étudiées non seulement par des savants portugais comme le comte de Ficalho, et M. Julio Henriques, mais, et surtout, par Hooker (1), Oliver (2), Bentham (3), Thiselton Dyer, etc. C'est dans les jar-

---

(1) See, *Natural History Review*, 1861.
(2) *Flora of tropical Africa.*
(3) *Introduction to botany.*

dins botaniques de Kew qu'on a accumulé, pendant plus d'un demi-siècle, ces importants matériaux, qui resteront comme des monuments de la science moderne. Les voyageurs de tous les pays qui avaient parcouru, avant cette époque, aussi bien l'intérieur que le littoral de la région que nous étudions, ne s'occupèrent pas d'une façon suivie de la récolte des produits du sol ; et, quand ils l'ont fait, la science n'en a pas profité, faute d'ordre et de méthode dans cette récolte faite par de simples amateurs inexpérimentés.

C'est à partir de 1860, que les savants anglais, stimulés par les envois des explorateurs consciencieux, imprimèrent aux études de la flore de l'Afrique Orientale une direction qui leur avait manqué jusqu'à ce jour (1). Les régions du Zambèze, du Chire, du lac Nyassa, et les contrées avoisinantes, furent explorées par le Dr John Kirk, naturaliste de la première expédition de Livingstone. Le Dr Meller et M. H. Waller firent partie de la deuxième expédition, et rapportèrent avec eux un herbier précieux, qui fut déterminé aux jardins de Kew.

Kirk et Meller étudièrent surtout la région du Rovuma. Le Dr Peters, avait récolté sur le Zambèze, et particulièrement dans le district de Mo-

(1) La plupart des plantes utiles d'Afrique y furent introduites à une époque relativement récente, en grande partie par les Portugais. Le millet, le *massango* (*Pennisetum*), le bananier à fruits comestibles, la patate douce, quelques variétés de haricots, la canne à sucre, l'arachide, le sésame et beaucoup d'autres, furent introduites en Afrique par les premiers colons européens. (Voir : Ficalho, liv. cit. p. 8. — De Candolle, *Origine des plantes cultivées*.)

zambique, d'admirables collections de plantes. Ces collections, envoyées à Berlin, y ont été classées par le Dr Klotzch (1852-1864). Le gouvernement portugais a, de tous temps, non seulement subventionné des expéditions scientifiques pour l'étude de la flore du Mozambique, mais il a même encouragé les efforts des étrangers qui se sont offerts à l'aider pour accomplir cette tâche. Par un arrêté en date du 2 août 1850, le gouvernement de Lisbonne a chargé l'université de Coïmbre de l'étude du sujet.

L'Académie Royale des Sciences et l'Ecole Polytechnique de Lisbonne étaient chargées en même temps et conjointement de l'élaboration du plan d'étude. En 1852, (Déc. du 10 avril), on envoie un naturaliste portugais au Mozambique. L'expédition d'Andersen, dans la même année, se fit avec l'assentiment et sous la protection des autorités du Mozambique (*Annales du Conseil d'outre-mer*, 31 janv. 1854).

Un arrêté du 31 mai 1854 s'occupe du développement agricole et forestier d'Inhambane. Les arrêtés des 17 oct., et 31 déc. 1855, et celui du 18 janv. 1858, ont été promulgués, sur les instances du gouvernement anglais, pour aider le Dr Livingstone dans son exploration de Loanda à Quelimane en 1856-1859. A cette même époque, déjà l'explorateur portugais Silva-Porto s'était avancé de l'Angola (1852-1854) jusqu'aux sources du Zambèze, en récoltant sur son passage de très riches spécimens de la flore africaine (Voir p. 26). Les arrêtés des 10 février 1857 et 16 juin 1869 facilitèrent de semblables missions à d'autres savants Portugais et étrangers.

Encouragé par ces premiers essais, qui lui paraissaient concluants, le gouvernement introduisit au Mozambique quelques-unes des cultures exotiques les plus rémunératrices : la canelle, la noix muscade et le girofle (Arrêtés des 23 fév. et 6 mai 1857). L'exploration scientifique de la région Angola-Mozambique fut à nouveau ordonnée en 1877, (Loi du 12 avril).

Le décret réglementant l'agriculture y fut finalement mis en vigueur cette même année. (Déc. du 17 décembre).

Les expéditions d'Ackermann (1861), Van Homeyer et Cameron (1875), Mohr (1876), Serpa-Pinto, Capello et Ivens (1877-1878), Mechow (1878), — toutes protégées par le gouvernement Portugais, — ont été le couronnement de l'œuvre si brillamment ébauchée, depuis 1850.

Le naturaliste allemand C. Alarch (1869-1870) a accompli sa mission scientifique dans les territoires compris entre Lourenço-Marquès et le Transvaal. Le Dr Rodrigues de Carvalho a herborisé, en 1886, sur le Zambèze inférieur. (Voir : Julio Henriques, *Bulletin de la Société Broteriana*, vol. VI, 1887.)

L'explorateur français, M. Frivier (1888-1890), dans son voyage de Luango à Quelimane, a récolté de très précieux produits de la flore des régions du Mozambique qu'il a parcourues.

Conceição Dias a étudié, en 1875, la flore médicinale des îles de Cap Delgado et spécialement celle de Ibo. Fermiano de Sousa a envoyé, en 1887, au ministre des Colonies, un rapport très curieux sur la flore utile de Tete.

C'est en grande partie avec les herbiers que les fonctionnaires et colons portugais comme Forbes, Monteiro, etc., ramenèrent avec eux en Europe, que le savant Oliver et ses continuateurs, produisirent et parachevèrent leurs ouvrages si connus. Mais la plus grande partie des matériaux qui ont servi à l'achèvement définitif des travaux sur la flore Mozambiquaise, sont dus au Dr John Kirk, (1860-1862), qui étudia les régions du Zambèze, du Chire, du lac Nyassa et du Rovouma; et au Dr Peters, qui parcourut une grande partie de l'hinterland du Mozambique, comme nous venons de le dire. A ces noms célèbres, dont les précieuses récoltes furent utilisées si savamment par les professeurs Hooker et Oliver, il convient d'ajouter le nom de M. W. T. Thiselton-Dyer, directeur des jardins botaniques de Kew, et ceux de Buchanan, Cameron et Johnson, qui étudièrent la région du Nyassa ; J. T. Last, qui parcourut les montagnes Namuli ; L. Scott, qui herborisa dans toute l'ancienne province du Mozambique, et quelques autres, non moins dignes de l'admiration universelle.

Ce qui rend cette flore réellement curieuse c'est son analogie avec la flore angolaise (1).

Dans le catalogue que nous allons résumer des plantes utiles les plus connues, nous ne citerons que les espèces communes aux deux provinces. Cette étude sera le préliminaire d'un ouvrage plus complet, qui sera le complément ou plutôt la

---

(1) Voir « L'Angola », de l'auteur, étude sur les essences forestières. *Catalogue of Welwitsh's african plants.*

deuxième partie de celui-ci et traitera des *Monocotylédonées*. La présente étude donnera donc une idée à peine approximative de l'analogie qui existe entre les deux flores (1) utiles — celle du Mozambique et celle de l'Angola (2).

---

(1) Nous indiquons les individus botaniques par ordres, espèces, variétés et habitats.

(2) Dans cette première partie de notre travail nous ne produisons que les données scientifiques les plus intéressantes afin que l'on puisse se faire une idée de la valeur de la flore utilisable de deux des plus grandes colonies portugaises et de l'analogie qui les unit l'une à l'autre.

Dans la prochaine publication de l'ouvrage complet « La *Flore du Mozambique, Dicotylédonées et monocotylédonées* », nous élargirons le texte autant que possible en y ajoutant les noms vulgaires des plantes et le prix des essences ou matières industrielles ou médicamenteuses qu'on peut en extraire; ce que ne pourrait comporter une étude comme celle-ci, de caractère essentiellement analytique, s'appuyant, il est vrai, sur des données originales, mais ne provenant que de sources rigoureusement scientifiques.

Nous n'indiquons pas ici toutes les *Dicotylédonées* dont nous avons connaissance. Nous n'enregistrons que quelques-unes de celles qui sont utilisées par les indigènes ou par les colons de l'Angola et du Mozambique ; en faisant remarquer le grand nombre de plantes utiles introduites par les Portugais dans ces deux colonies.

Voir, sur la flore du Mozambique, les travaux du Dr Schiuze, de Zurich; *Reise nach Mossambique*, par le Dr Peter; *Reisen in ost Africa*, Berlin, 1869, par Hilgendorf; *Die Vogel Afrikas*, par le Dr Richenow; *Plantes médicinales des colonies portugaises*, par Cardoso Junior, M. le Dr Heim, analyste de l'*Office du commerce extérieur de la France*, a étudié, sur la demande de l'auteur, quelques plantes susceptibles de fournir des produits industriels. (Voir : *Bulletin du Commerce Extérieur*, Paris, 1901, 1902).

Dicotylédonées

I

Anonacées

— *Anona senegalensis*, Pers. = Zambézie ; Rovouma. Le comte de Ficalho (*Plantes utiles de l'Afrique Portugaise*, vol. I, p. 81), affirme l'existence de l'*Anona Squamosa* (nom vulgaire *ata* ou *ateira*, la *pomme-canelle* des européens du Mozambique.

— *Monodora stenopetala*, Oliv. = Chire ; Rovouma. L'espèce signalée par Welwitsch est la *M. myristica*, Dun., — le *jïpepe* des indigènes de l'Angola, — celle qui est la plus répandue dans cette colonie.

Ménispermacées

— *Jateorhiza palmata*, Miers, = Chupanga, Morambala. Cultivée dans les îles de Ibo et Mozambique. Les indigènes *macuas* vendent sur les marchés de la côte les racines de cette plante, qui sont médicinales. Nom indigène : *Columba* (Voir renvoi p. 124).

— *Tiliacora funifera*, Oliv. = Zambézie. Plante médicinale très en vogue chez les nègres. La variété angolaise que les indigènes préconisent le plus est la *chrysobotrya*, Welw.

— *Cissampelos Pareira*, Oliv. = Zambézie. Plante officinale. Le Dr Kirk a découvert à Moramballa, à 3.000 pieds d'altitude, la variété *C. Torulosa*, E. Mey.

NYMPHÉACÉES

— *Nymphœa stellata*, Wild. = Chire.

PAPAVÉRACÉES

— *Argemone mexicana*, Linn. = Mozambique. La culture du *Papaver somniferum*, Linn., pour l'extraction de l'opium, se fait sur une vaste échelle dans le delta du Zambèze.

CAPPARIDÉES

— *Cleome monophylla*, Linn. ; *C. strigosa*, Oliv. ; *C. chilocalyx*, Oliv. = Zambézie, district de Mozambique, Chire. Welwitsch a trouvé dans l'Angola les variétés *C. ciliata*, Schum. et Thonn. Guin. ; *C. Iberidella*, Welw. ; *C. diandra*, Burch. ; *C. foliosa*, Hook; et autres.

— *Gynandropsis pentaphylla*, D. C. = Districts de Zambézie et Mozambique. Cette espèce se trouve cultivée à proximité des centres peuplés. Les indigènes utilisent ses feuilles comme légumes.

— *Mœrua nervosa*, Oliv. ; *M. Grantii*, Oliv. ; *M. acuminata*, Oliv. = Zambézie ; district de Mozambique ; Rovuma. La variété angolaise la plus répandue est la *M. angolensis*, D. C., dont le bois jaunâtre, léger, d'un grain serré, est souvent employé dans la menuiserie (1).

— *Boscia angustifolia*, Rich. = Zambézie. Welwitsch l'a récoltée dans l'Angola, sous le nom vulgaire de *Bumba*. La *B. salicifolia*, Oliv., signalée par le Dr Kirk sur les rives du Chire, se trouve aussi dans l'Angola, à Mossamédès. Ficalho ne mentionne pas ces deux Capparidées.

— *Capparis Kirkii*, Oliv. ; *C. rosea*, Oliv. = Chire ; Rios de Sena. Welwitsch a trouvé le *C. tomentosa*, Lam., le *C. viminea*, Hook., et le *C. erythrocarpa*, Isert., dans l'Angola.

VIOLARIÉES

— *Ionidium enneaspermum*, Vent. = Zambézie. Welwistch l'a récoltée à Loanda.

BIXINÉES

— *Oncoba spinosa*, Forsk. ; *O. Petersiana*, Oliv.; *O. Tettensis*, Oliv.; *O. Kirkii*, Oliv. = Chire, Lourenço-Marquès, Tete, Rovuma. Les fruits de l'*O. spinosa* sont médicinaux. Son bois léger mais dur est employé dans les constructions indigènes.

— *Flacourtia Ramontchi*, L'Hérit., *hirtiscula*, Oliv. = Tete, Luabo, Sena.

(1) Ficalho, *Plantes utiles de l'Afrique portugaise*, p. 91 ; S. Marques, *Expédition Portugaise à Muata-Ianvo*, 1884-1888.

Les essences forestières de la Zambézie les plus remarquées à l'Exposition de 1900, ont été, en dehors de l'ébène, le *caquedol*, le *mussangara* et le *quipululo*, aux exposants desquelles le Jury International a décerné les plus hautes récompenses.

POLYGALÉES

— *Polygala persicariæfolia*, D. C. = Zambézie. Welwitsch l'a trouvée à Serra da Chella, Angola, à 1800 m. au-dessus du niveau de la mer.

Securidaca longipedunculata, Fres. = Rovuma. Le *Buase* des Angolais. Plante textile, dont la racine est vénéneuse.

CARYOPHYLLÉES

— *Drymaria Lœflingii*, Benth. et Hook. = Zambézie Welwitsch place la *D. Cordata*, Willd., parmi les plantes utiles les plus importantes de l'Angola (1).

— *Polycarpæa corymbosa*, Lam = Zambézie. Welwitsch l'a récoltée à Huilla.

PORTULACACÉES

—*Portulaca foliosa*, Ker. ; *P. Oleracea*, L. = Zambézie. Le *Bembe* des indigènes de l'Angola; plante comestible, très répandue, surtout dans les localités où se sont établis les colons portugais.

— *Talinum cuneifolium*, Willd. = Zambézie. Commun dans le district de Loanda (Welwitsch, ouv. cit., première partie, p. 54).

ELATINÉES

— *Bergia decumbens*, Planch. = Zambézie.

---

(1) *Catalogue of Welwitsch's african plants*, Part. 1., p. 50.

C'est la variété *B. polyantha*, Sond., la plus répandue dans l'Angola, à Benguela et Mossamédès.

HYPÉRICACÉES

— *Psorospermum febrifugum*, Spach. ; variété *albida*, Oliv. = Zambézie. Le *Mutune*, de Golungo-Alto, (Angola). Plante médicinale, febrifuge.

—*Haronga madagascariensis*, Chois. = Districts de Mozambique et Zambézie. Connue dans l'Angola aussi bien qu'au Mozambique sous le même nom vulgaire de *Mutune*. Son écorce est fébrifuge. Son bois est un des plus appréciés des forêts des deux provinces.

GUTTIFÈRES

— *Garcinia Livingstonei*, T. = Zambézie. Nom indigène : *Motsori* ou *Moconongo*. Welwitsch signale l'existence de cet arbre dans les districts angolais de Bumbo et Libongo, mais Oliver (*Flora of tropical Africa*, vol. I) doute fort de son existence dans l'Angola. La variété *G. globulifera*, L. — le *mungundo* des indigènes, — est la plus répandue dans l'Angola, surtout à Golungo-Alto (1).

MALVACÉES

— *Sida spinosa*, L. ; *S. cordifolia*, L. ; *S. gre-*

---

(1) Sur la haute valeur commerciale des individus de cette famille, voir *Plantes à caoutchouc et à gutta*, par Henri Jumelle, Paris, 1898.

wioides, Guill. = Senna, Chire, district de Mozambique, archipel de Querimba. Cette plante officinale a été récoltée par Welwitsch dans les districts de Loanda et Pungo-Andongo, dans l'Angola.

— *Wissadula rostrata*, Planch. = District de Mozambique. Le *Cahembia-hembia* des Angolais. Usitée, comme la précédente, dans la thérapeutique indigène.

— *Abutilon angulatum*, Mast. ; *A. asiaticum*, Don. ; *A. graveolens*, Wight. ; *A. longicuspe*, Hochst. ; *A. Zanzibaricum*, Bojer ; *A. indicum*, Don. ; *A. Hirtum*, Don. = Zambézie, Senna, district de Mozambique, Manganja, Tete. Les espèces employées dans la pharmacologie indigène, sont connues dans l'Angola sous le nom vulgaire de *Capiacanca*, *Capianeca*, selon Welwitsch (*Catalogue of Welwitsch's african plants*, part. I, vol. I., p. 66) surtout à Golungo Alto, où habite l'A. *Zanzibaricum*.

— *Urena lobata*, L. = District de Mozambique. Le *Caquibosa* des indigènes de l'Angola, *Cafbosa* selon Welwitsch. Plante tinctoriale et médicinale cultivée dans les deux possessions.

— *Hibiscus vitifolius*, L. ; *H. intermedius*, Rich.; *H. diversifolius*, Jacq. ; *H. pentaphyllus*, F. Muell. ; *H. Kirkii*, Mast. ; *H. physaloides*, Guill. ; *H. rabdotospermus*, Garcke ; *H. Surattensis*, L. ; *H. furcatus*, Roxb ; *H. lunariifolius*, Wall. ; *H. platycalyx*, Mast. ; *H. panduriformis*, Burm ; *H. sabdariffa*, L., (les graines de cette espèce sont aphrodisiaques. Cardoso, ouv. cit. p. 4.); *H.*

cannibinus, L. ; *H. gossypinus*, Thumb. ; *H. micranthus*, L. ; *H. ternatus.* ; *H. solandra*, L'Her. ; *H. abelmoschus*, L. ; et *H. tiliaceus*, L. L'*H. calyphyllus*, plante textile, est dénommée *Quibosa* par les indigènes de Golungo-Alto, et l'*H. cannabinus*, *Husa*, par ceux de Pungo-Andongo, selon Welwitsch. L'*H. esculentus* (le *Quingombo*) est l'espèce la plus répandue sous les tropiques. Comme légume et comme parfum médicinal, cette espèce est très appréciée dans toute l'Afrique. L'*H. sabdariffa* est employé par les indigènes de la Zambézie, non seulement comme légume mais comme plante médicinale aphrodisiaque (1). Livingstone (*The Zambezi*) fait allusion à l'emploi des fibres de l'*H. tiliaceus* par les indigènes du Mozambique dans la confection des filets de pêche. Le Dr Kirk a rencontré cette plante dans presque tous les districts du Mozambique qu'il a parcourus.

— *Gossypium barbadense*, L., *G. herbaceum*, L. = Zambézie et autres districts du Mozambique. Le *G. barbadense* y a été introduit par les Portugais, d'après H. Johnston. Dans l'Angola c'est aussi le *G. barbadense* qui est l'espèce la plus répandue (2); les indigènes l'appellent *Muginha*.

— *Adansonia digitata*, L. = District de Mozambique, Chupanga. Le fameux Baobab: le *N'Bondo* des nègres de l'Angola ; le *Molamba* de ceux du Mozambique, décrit savamment par Azurara

(1) Ficalho, liv. cit., p. 98.

(2) Dans un mémoire présenté au Congrès colonnier de Zurich en 1904, par M. A. Ribeiro, on prouve que la priorité de la culture du colon aux colonies de l'Afrique occidentale est due aussi aux Portugais.

(*Chronique de la découverte et de la conquête de Guinée*) en 1447, — trois cents ans avant la description d'Adanson (Ficalho, liv. cit., p. 101). Du liber de cet arbre colossal, on extrait des fibres d'une grande valeur industrielle. M. de Wildemon, dans un livre récent (*Notices sur les plantes utiles du Congo*), vante les qualités du bois de l'*A. digitata*.

STERCULIÉES

— *Sterculia Triphaca*, R. Brw. = Zambézie. Essence de grande valeur, selon Kirk. Les indigènes emploient les fruits de cet arbre dans la guérison de certaines maladies. La *S. tragacantha* Lindl., est l'espèce la plus répandue dans l'Angola, à Golungo Alto et Pungo-Andongo. On nous assure de l'existence de la *S. acuminata*, Pal. de Beauv., dans la Zambézie; mais son introduction y doit être récente. La *Cola clavata*, Mast., a été récoltée dans plusieurs régions du Mozambique par le Dr Kirk, et la *C. quinqueloba*, Garcke, dans le district du Mozambique par le Dr Peters.

— *Dombeya multiflora*, Planch. ; *D. spectabilis*, Bojer. ; *D. Kirkii*, Mast. ; *D. Burgessiæ*, Gerr. = District de Mozambique, Lupata, Manganja.

La *D. Burgessiæ* a été signalée par Welwitsch à Huilla, Angola. Les indigènes de Pungo-Andongo appellent *Mututu* la *D. xeropetalum*.

— *Theobroma Cacao*, L. = Les compagnies colonisatrices du Mozambique ont tenté, sans en obtenir des résultats très appréciables, la culture de cette *Sterculiée* dont l'habitat est, décidément, circonscrit à certaines régions agricoles plus rapprochées de la ligne équatoriale (1).

— *Melhania Forbesii*, Planch. = Chupanga, district de Mozambique. Welwitsch signale l'existence de cette plante dans l'Angola. Elle est employée par les indigènes des deux possessions dans leur curieuse pharmacologie.

— *Hermannia tigrensis*, Hochst. ; *H. Kirkii*, Mast. = Quelimane, Sena, Tete, Lupata. Plante médicinale, récoltée aussi dans l'Angola par le docteur Welwitsch, dans les districts d'Ambaca et Huilla.

— *Melochia corchorifolia*, L. = Quelimane. Dans l'Angola, on l'a trouvée à Icolo et Bengo et Libongo.

TILIÉES

— *Carpodiptera africana*, Mast. = Rovuma.

— *Grewia Caffra*, Meisner. ; *G. inæquilatera*, Garcke. = Zambézie. La *G. Caffra*, plante textile estimée, est connue par les indigènes du district de Loanda sous le nom de *Mutamba*.

— *Triumfetta Kirkii*, Mast. = Rovuma.

Les indigènes de l'Angola donnent le nom de *Quibosa* à diverses espèces de ce genre, notamment aux *T. semitriloba*, L. ; *T. rhomboidea*, Jacq. ; *T. orthacantha*, Welw. Ils en extraient des fibres très résistantes. De la *T. lappula* on extrait un remède émollient.

---

(1) Voir *Culture du cacaoyer*, Paul Guérin, Paris, 1896.

— *Corchurus tridens*, L. ; *C. fascicularis*, D. C.; *C. trilocularis*, L. = Senna, district de Mozambique, Tete. Les fruits du *C. tridens*, — le *Quisanana* des Angolais, — sont usités dans l'alimentation des indigènes. Les fibres de presque toutes ces espèces ont une grande valeur commerciale.

LINÉES

— *Erythroxylon emarginatum*, Schum. = Rovuma. Un joli petit arbre, signalé aussi par Welwitch, à Pundo-Andongo.

— Le *Linum usitatissimum* a été introduit dans quelques propriétés de la Zambézie ces dernières années.

GÉRANIACÉES

— *Oxalis semiloba*, Sond. ; *O. corniculata*, L. ; *O. sensitiva*, L. = Moramballa, Quelimane, archipel de Querimba. Les indigènes de l'Angola et du Mozambique attribuent des propriétés médicamenteuses aux feuilles de plusieurs des espèces et variétés de l'*Oxalis*.

RUTACÉES

— *Toddalia lanceolata*, Lam. = Zambézie, district de Mozambique.

— *Citrus sps.* = Comme dans toutes les autres possessions portugaises, la culture des orangers, citronniers et autres arbres fruitiers, fut introduite et essayée sur une vaste échelle au Mozambique, par les premiers colons Portugais, quoique les Arabes l'eussent déjà entreprise au moment où Vasco da Gama y aborda.

BURSÉRACÉES

— *Balsamodendron africanum*, Arn. = Rovuma. Plante officinale découverte par Welwitsch dans les districts de Loanda et Mossamédès, de l'Angola. Au *B. longebracceata*, les indigènes de Loanda donnent le nom de *Calusange*.

— *Commiphora edulis*, Engl. = Senna, Tete. Les fruits en sont comestibles (Ficalho, liv. cit., p. 114).

— *Canarium edule*, Hook., — le *mubafu* des Angolais. Cameron (*Report on the Royal gardens at Kew*, 1881, p. 50) signale, selon Ficalho (liv. cit., p. 116), l'existence de cet arbre si utile, depuis la rive occidentale du lac Tanganyka jusqu'à Lovalé. Les indigènes du Mozambique l'appellent *mpafu*, peut-être par corruption de *mubafu* ou *n'bafu*, comme prononcent aussi les indigènes de l'Angola.

MÉLIACÉES

— *Trichilia emetica*, Valhl.; *T.*, *capitata*, Klotzsch = Chire, Rovuma. La *T. emetica* est la *mafureira* des colons de l'Angola et du Mozambique, de l'appellation locale *mafura*, qui veut dire huile dans plusieurs idiomes de l'Afrique, parce que des graines de cet arbre on extrait une huile comestible très recherchée. L'analyse chimique de cette huile a été publiée dans les procès-verbaux de l'Académie des Sciences de Paris en 1864 (Ficalho, liv. cit., p. 117). Cette substance entre dans la composition de certains médicaments de notre Pharmacopée. La *T. Welwitschii*, — le *pau caxique* des Angolais, — donne un des bois les plus appréciés de l'Angola.

OLACACÉES

— *Ximenia americana*, L. = Zambézie. Les indigènes l'appellent *umpéque*. L'amande de ses fruits est comestible et oléagineuse. Ses fruits sont antidysentériques. Welwitsch la signale dans son herbier, à Colungo Alto, Mossamédès et Bumbo, sous le nom vulgaire de *Muhinge*.

— *Opilia amentacea*, Roxb. = Zambézie. Les indigènes emploient ses feuilles et son écorce dans leur curieuse thérapeutique. Welwitsch signale l'existence de cette plante à Pungo-Andongo.

CELASTRACACÉES

— *Celastrus senegalensis*, Lam. = Zambézie. La Celastracacée la plus répandue, signalée par Welwitsch, est l'*Hippocratea indica*, Willd., plante grimpante qui croît dans presque toutes les régions angolaises, et dont les fruits sont comestibles. A. Golungo Alto on l'appelle *N'Gunho*. Cette plante a été récoltée par le Dr Kirk sur les rives du Rovuma, de même que les variétés *Kirkii*, et *longipeteolata*, Oliv., dans les territoires de la Zambézie.

RHAMNÉES

— *Zizyphus jujuba*, Lam. ; *Z. mucronata*, Willd. ; = District de Mozambique, Zambézie, Chire. Espèces très répandues dans les deux provinces. Les fruits du *Z. jujuba*, semblables à des pommes, constituent un aliment recherché par les indigènes, qui en extraient de l'alcool.

— *Helinus ovatus*, E. Mey. = Chire. Plante médicinale récoltée par Welwitsch à Golungo Alto, dans l'Angola.

AMPÉLIDÉES

—*Vitis sps.* = Oliv. signale l'existence de 16 espèces de *Vitis* au Mozambique ; Welwitsch en a signalé l'existence de 32 dans l'Angola. Elles croissent dans presque toutes les régions agricoles des deux provinces d'outre-mer. La *V. vinifera* est cultivée sur une faible échelle un peu partout. Elle pousse admirablement dans le district de Lourenço-Marquès. La *V. congesta*, Baker, est appelée *Kautawana* par les indigènes de la Zambézie, selon le Dr Meller. Dans l'Angola on désigne les différentes espèces de *Vitis* sous le nom de *Quiribua*. Selon Ficalho, (liv. cit., p. 122), quelques-unes de ces espèces seraient susceptibles d'une rapide acclimatation en Europe.

SAPINDACÉES

— *Sapindus xanthocarpus*, Klotzsch. = Chire.

Le *N'talala* des indigènes. Essence forestière recherchée. Cet arbre croît dans les forêts de Libongo, Angola (Welwitsch, vol. I, p. 160).

— *Ptœroxylon utile*. E. et Z. = Arbre dont le bois est très estimé par les colons de l'Afrique Australe. A Capetown on connaît ce bois sous le nom de *sneezewood* (Ficalho, liv. cit., p. 123).

ANACARDIACÉES

— *Rhus insignis*, Oliv. ; *R. glaucescens*, Rich = Luabo, Rovuma, Zambézie. Petit arbre, très coquet, dont les indigènes utilisent le bois pour la *menuiserie* locale. Les espèces *coriaria, radicans* sont officinales.

— *Mangifera indica*, L. = Répandue partout dans les deux colonies, surtout dans les régions où la colonisation portugaise s'est le plus accentuée. On connaît les propriétés médicamenteuses du fruit délicieux de la *M. indica*, et les applications industrielles du bois de cet arbre. Le fruit de la *M. indica* est antiscorbutique.

— *Anacardium occidentale*, L. = Le *caju* des colons portugais ; le *manununu* des indigènes. Très cultivé dans toutes les zônes agricoles du Mozambique. Arbre originaire d'Amérique, d'où il a été introduit en Afrique et en Asie par les premiers navigateurs portugais. On connaît assez la valeur de son bois d'ébénisterie et de ses fruits, dont on extrait une eau-de-vie excellente et les fameuses *châtaignes* (comestibles) *d'Acajou*. C'est une des plantes officinales de notre Pharmacopée. Son écorce est astringente, et ses fruits antisyphilitiques.

— *Sclerocarya caffra*, Sond. = Zambézie. La *Morula* des indigènes. Ses graines sont oléagineuses et comestibles et ses fruits médicinaux, selon le Dr Kirk. Welwisch l'a signalée à Bumbo, dans l'Angola.

Papilionacées

LÉGUMINEUSES

— *Crotalaria sps.* = Oliver (*Flora of tropical Africa*, vol. II, p. 11) décrit 21 espèces de ce genre, récoltées au Mozambique par les docteurs Peters et Kirk. Le *sepperc-quasot* des Abyssins (*C. podocarpa*, D. C.) abonde dans la province. Welwitsch en a récolté 56 espèces ou variétés de Crotalaria dans l'Angola.

— *Trifolium polystachyum*, Fresen. = District de Mozambique. C'est la variété *psoraleoides*, Welw., qui est la plus répandue dans l'Angola, surtout à Huilla.

— *Indigofera sps.* = On a récolté 14 espèces d'*indigofera* (l'*anil* des Portugais) au Mozambique; 44 dans l'Angola.

Extraordinairement abondante dans la Zambézie, où on l'emploie pour la teinturerie depuis le commencement du siècle dernier, il n'est aujourd'hui traité que par les indigènes qui le préparent d'une façon très grossière.

— *Tephrosia Vogelii*, Hook.; *T. incana*, Graham.; *T. purpurea*, Pers. = Zambézie, Sofala, district de Mozambique. La *T. Vogelii* est le *cafoto* des indigènes de Golungo-Alto; le *calembe* de ceux de Pungo-Andongo. Ses feuilles et ses tiges macérées sont jetées par les indigènes dans l'eau des rivières pour tuer le poisson, comme on le fait avec l'*Erytroxylon cocca* en Europe.

— *Herminiera Elaphroxylon*, Guill. = Zambézie. Son bois léger est propre à la construction des petites pirogues et ustensiles des indigènes. Les noirs de l'Angola le dénomment *Bimba*.

— *Arachis hypogœa*, L. = L'arachide, — le *Karanga* des indigènes, — constitue, avec le *sésame*, la principale source de l'exportation de la colonie, où on la cultive dans tous les districts.

Contrairement à l'opinion d'Oliver et de Baker, le comte de Ficalho (liv. cit., p. 138) croit que l'*A. hypogœa* est originaire, simultanément, de l'Afrique et du Brésil. Elle est aussi répandue dans l'Angola qu'au Mozambique. Les indigènes de l'Angola l'appellent *ginguba*.

— *Zornia diphylla*, Pers. = District de Mozambique, Zambézie. Plante employée par les indigènes dans la préparation de certains médicaments réservés à l'usage intime.

— *Uraria picta*, Desv. = Zambézie. C'est le *caïala-camoxe* des indigènes de Golungo-Alto, dans l'Angola, plante médicinale de grande valeur, selon Welwitsch.

— *Abrus precatorius*, L. = Zambézie. Le *muanassa-musambère*, des indigènes de l'archipel de Querimba. Belle plante décorative, très répandue dans les régions tropicales. L'infusion de ses feuilles est considérée par les indigènes comme un remède efficace pour la guérison de certaines maladies. Les indigènes de Golungo-Alto l'appellent *Fingo-gifingo*.

L'*A. Precatorius* a des propriétés ophtalmologiques (Cardoso, ouv. cit., p. 9).

— *Erythrina sps.* = Inhambane, Zambézie. l'espèce *suberifera*, Welw. — le *molungo* des indigènes de Golungo-Alto, — est une essence forestière de grande valeur. L'infusion de l'écorce et de la racine de cet arbre est considérée comme un puissant remède contre les affections syphilitiques. L'espèce la plus répandue au Mozambique (Sofala, Inhambane, Tete) est l'*E. Humei*, E. Meyer.

— *Macuna sps.* = Zambézie. La *M. pruriens*, D. C., est une plante officinale commune aux deux provinces. On lui donne le nom vulgaire de *Quicuta* à Cazengo, dans l'Angola.

— *Phaseolus sps.* = District de Mozambique, Zambézie. Les *Phaseolus*, les *Dolichos* et les *Cajanus* (voir p. 102 et 122) introduits par les Portugais, sont cultivés, sur une grande échelle, par les indigènes et les colons européens du Mozambique.

Quelques variétés de *Phaseolus* du Mozambique, présentées à l'Exposition de 1900, ont attiré l'attention des visiteurs par leur aspect réellement curieux. (1) Ce sont les espèces *P. lunatus*, L. ; *P. Kirkii*, Bk., et P. *tribolus*, qui sont les plus répandues dans cette colonie.

---

(1) Les colonies portugaises à l'Exposition de 1900 « *Le Portugal à l'Exposition* », livraison n° 12, Paris, 1900.

— *Vigna sps.* = Zambézie. Tete. Les espèces *V. nilotica*, Hock., et *V. sinensis*, Endl., sont les plus répandues dans l'Angola et le Mozambique. La première, — le *Koondek* des indigènes de la région des Lacs (Ficalho, liv. cit., p. 141), — produit des graines alimentaires très recherchées. La *V. sinensis*, — le haricot *macundi* des indigènes de l'Angola, — occupe une place importante dans l'alimentation des indigènes des deux provinces. Welwitsch en a classé dans l'herbier de l'Angola, 19 espèces ou variétés. Le Dr. Kirk en a trouvé 6 au Mozambique.

— *Voandzeia subterranea*, Thouars. = Plante tuberculeuse, aux graines oléagineuses, originaire de l'Afrique tropicale. Les indigènes l'appellent : *jugu maué*. Welwitsch l'a rencontrée à Golungo-Alto, Pungo-Andongo et Benguela, où les indigènes la désignent sous le nom de *viélo*.

— *Psophocarpus longipedunculatus*, Hassk. = Zambézie. Plante alimentatire cultivée. C'est le *mabala* des indigènes de l'Angola.

— *Dolichos sps.* = Zambézie, Tete. Ce sont les espèces *D. Lablab*, L., *D. biflorus*, L. et *D. axillaris*, E. Meyer., qui sont les plus répandues dans la province. Ces espèces se rencontrent aussi très fréquemment dans l'Angola (Welwitsch, ouv. cit., 1re partie, p. 262), où l'on en compte douze espèces ou variétés.

— *Cajanus indicus*, Spreng. = Zambézie. Le Dr. Stewart a rencontré cette plante alimentaire dans la Zambézie, où elle semble pousser spontanément. Dans l'Angola on l'appelle *ginsonge*.

— *Rhynchosia caribæ*, D. C. ; *R. memnonia*, D. C. = Zambézie, Sofala. Ces deux Dolicholus sont très fréquents dans les deux provinces ; leurs fruits constituent une des nombreuses sources de l'alimentation des indigènes.

— *Eriosema sps.* = District de Mozambique, Zambézie. Les *E. cajenoides*, Hook., et *E. muxiria*, Welw., sont les deux espèces spéciales à l'Angola et au Mozambique. Les racines de ces plantes sont aromatiques et médicinales.

— *Dalbergia sps.* = Zambézie ; district de Mozambique. Le genre *Dalbergia* fournit les plus riches essences forestières du Mozambique, où on l'appelle *mumpingué* et *ébène*. Ce sont les espèces *D. Multijuga*, E. Meyer ; *D. arbutifolia*, Baker, *D. Melanoxylon*, Guill., et *D. bracteolata*, Baker, qui y sont les plus connues. Le *D. Melanoxylon*, Guill., qui fournit une essence forestière précieuse du Mozambique, existe aussi dans l'Angola (Ficalho, liv. cit., p. 144).

— *Pterocarpus lucens*, Guill., = Senna. Grand arbre, dont le bois est très apprécié. Sous les noms indigènes de *mulumba*, *tacula*, *lucula*, *hula*, *mutete*, etc., Welwitsch (liv. cit., 1re partie, p. 177) a trouvé les *Pterocarpus* dans presque toutes les régions de l'Angola. Les espèces, *indicus*, *marsuppium*, sont officinales. Le *P. erinaceus*, — le *N'aillasonde* des indigènes, — est un des bois les plus renommés de la colonie.

— *Lonchocarpus laxiflorus*, Guill. = Zambézie, district de Mozambique. Arbre de taille moyenne, fournissant d'excellent bois pour les constructions des indigènes. Le Dr Peters (*Reise nach Mossambique*) l'a classé sous le nom vulgaire de *Capassa*. Dans l'Angola, le *L. laxiflorus* habite les hauts-plateaux de Huilla.

— *Swartzia madagascariensis*, Desv. = Pays des maraves, régions du Nyassa. Essence forestière précieuse. Les indigènes de Pungo-Andongo et Huilla, dans l'Angola, l'appellent *mucondé*.

CÆSALPINÉES

— *Cæsalpinia pulcherrima*, Sw., *C. Bonducella*, Roxb. = Luabo. Petit arbre d'ornement. L'infusion de ses feuilles est employée dans la thérapeutique des indigènes. Les nègres de Pungo-Andongo l'appellent *malosa*.

— *Cassia sps.* (1). = Les Drs Kirk, Peters et Meller ont reconnu l'existence de dix espèces de *Cassia* au Mozambique. Welwistch en a trouvé 14 dans l'Angola. Les espèces *C. goratensis*, Fresen ; *C. didymobotrya*, Fresen ; *C. absus*, L.; *C. grantii*, Oliv., et *C. Kirkii*, Oliv., se rencontrent dans les deux provinces.

---

(1) Voir dans la *Pharmacopée*, p. 373, l'emploi médicinal des *Cassia*, spécialement du *C. acutifolia*, Delile, et du *C. angustifolia*. Vahl., celui-ci originaire de l'Afrique orientale. Les graines du *C. occidentalis* sont antispasmodiques.

Les indigènes de Ibo (Conceição Dias, *Notes pour un rapport sanitaire sur le district des îles de Cap Delgado.*) usent la décoction du *calumba* (Voir: p. 103) dans le traitement des pyrexies d'origine paludéenne et d'une graminée appelée *balagale* (*Andropogon cytratus*), dont l'usage est tonique ou drastique. M. Cardoso (*Plantes médicinales du Mozambique*) signale l'existence de l'*Adiantum capillus veneris*; l'*Erythropoleum quineense*. D. C.; l'*Eriodendron anfractuosum*. D. C.: le *Smilax salsaparrilha*. L., le *Santalum album*, L.; la *Cola acuminata*. Sch.; et beaucoup d'autres plantes, dont les produits médicinaux ont une haute valeur industrielle.

Le *Cassia fistula* est très répandu au Mozambique. Livingstone (cité par Ficalho, liv., cit., p. 152) dit que les indigènes de la Zambézie emploient les racines du *Cassia occidentalis* comme fébrifuge, dans des infusions qui ressemblent beaucoup au café. Le *C. angustifolia*, — dont les feuilles servent de base, comme on sait, à la fabrication d'un médicament appelé *séné* en pharmacie, — est très répandu dans le district de Tete.

— *Bauhinia tomentosa*, L. ; *B. reticulata*, D. C. = Rovuma, Chire. Le *B. reticulata* (le *mulólo* des indigènes de l'Angola) est un joli petit arbre, dont l'écorce est médicamenteuse et fournit des fibres résistantes.

— *Brachystegia spicæformis*, Benth. = Zambézie. Arbre de 25 à 30 pieds de hauteur, d'un bois dur et de bel aspect, bon à tous usages. Dans l'Angola on l'appelle *Panda*. Le *B. tamarindoïdes*, Welw., habite les régions du lac Nyassa.

— *Tamarindus indica*, L. = Zambézie, Chire, archipel de Querimba, Inhambane. On connaît les propriétés médicinales des fruits du *T. indica*, arbre d'ornement, dont le bois est d'excellente qualité.

— *Trachylobium hornemannianum* (1), Hayne. Rovuma, îles Querimba. C'est l'arbre qui produit

(1) A cause de sa grande valeur, nous faisons figurer le nom de cet arbre dans notre liste. Cet individu botanique n'a cependant pas encore été découvert dans l'Angola, où l'on croit que le copal provient du *Copaifera guibourtiana*. Benth., dont l'existence n'y a pas été non plus signalée par Welwitsch.

le copal de l'Afrique Orientale, ou *mucocolo* des indigènes (Voir : *Les Plantes à caoutchouc et à gutta*, par H. Jumelle, Paris, 1898).

— *Copaifera mopane*, Kirk. = Lupata, Zambézie. Une des plus importantes essences forestières du Mozambique et de l'Angola. Les colons portugais l'appellent *bois de fer*, les indigènes de l'Angola la dénomment : *unteale*.

— *Erythrophlœum guineense*, Don. = Borôr, Zambézie. (Voir p. 124). Arbre dont le bois est excellent, et d'une dureté incomparable. Les indigènes l'appellent *moavi*. L'écorce de l'*E. guineense*, hautement toxique, est administrée aux criminels accusés de certains forfaits dans ce qu'on appelle les « épreuves judiciaires », surtout dans le crime d'*envoûtement*.

L'accusé absorbe une forte dose du poison. S'il meurt, sa culpabilité est démontrée. Si le poison ne provoque que des vomissements, l'accusé est déclaré innocent (Oliv., ouv., cit., vol. II, p. 321; Ficalho, liv. cit., p. 166).

MIMOSÉES

— *Parkia filicoidea*, Welw. = Grand arbre, dont le bois, d'un grain serré et d'une teinte jaunâtre, est très apprécié pour la menuiserie. Les graines de cet arbre sont comestibles et médicamenteuses.

— *Entada Wahlbergii*, Harv. = Rovuma. L'espèce la plus répandue dans l'Angola est l'*E. scandens*, Benth., — le *quifuge* des indigènes de Golungo-Alto. Du tronc de cet arbre on extrait des fibres résistantes que les indigènes emploient dans la fabrication des cordages.

— *Dichrostachys nutans*, Benth. = Zambézie. Plante officinale, très répandue aussi dans l'Angola.

— *Acacia sps.* = Zambézie, Chire, Tete, Rovuma. Les docteurs Kirk et Peters ont trouvé neuf espèces d'*Acacia* au Mozambique. Welwitsch en a signalé, dans son herbier, 16 espèces ou variétés. Les *A. albida*, Del., *A. pennata*, Willd., (le *muanu* des indigènes de Huilla), et *A. arabica*, Willd., sont très répandus dans le Mozambique et l'Angola. L'*A. mossambicensis*, Bl., est connu par les indigènes sous le nom de *mussongue*. Toutes ces espèces produisent des bois de première qualité. L'écorce de l'*A. albida* est astringente.

Les fleurs de l'*A. farnesiana* sont stimulantes et diurétiques.

La gomme arabique du commerce est extraite, comme on sait, des diverses espèces du genre *Acacia*. L'*A. angolensis*, — le *mufututu* des indigènes, — donne un bois blanc à la périphérie et moucheté au cœur, bon pour la menuiserie (1).

— *Albizzia sps.* = Chire, district de Mozambique, pays des maraves, Rovuma, Zambézie.

Les espèces *A. anthelmintica*, Brongn., et *A. versicolor*, Welw., (connues dans l'Angola sous le nom vulgaire de *mufututu*, donné plus spécialement à l'*A. angolensis*, Welw.), sont particulières aux deux provinces coloniales. Le bois de l'*Albizzia* est très apprécié. Les indigènes de la Zam-

(1) Sur les propriétés toxiques des *Acacias*, voir : *Toxicologie africaine*, par Rochebrune, Paris, 1899, tom. II, p. 193.

bézie emploient celui de l'*A. anthelmintica* dans la construction des bateaux. L'écorce de cette espèce est un remède anthelmintique, d'où son nom scientifique.

ROSACÉES

— *Parinacium Mobola*, Oliv. = Zambézie. Grand arbre donnant d'excellent bois et des fruits comestibles et oléagineux. Les indigènes de Huilla désignent les *Parinarium* sous le nom de *nocha*.

— *Rubus apetalus*, Poir. = Zambézie. L'infusion des feuilles de cette plante sarmenteuse est considérée par les indigènes comme un excellent remède fortifiant et astringent. Les indigènes de Golungo-Alto l'appellent *musuno*.

CRASSULACÉES

— *Bryophyllum calycinum*, Salisb. = Zambézie. Plante officinale récoltée par Welwitsch à Pungo-Andongo.

— *Kalanchoe platysepala*, Welw.; *K. brachycalyx*, A. Rich. = Chire, Zambézie. Les indigènes de la Zambézie désignent cette dernière espèce sous le nom de *N'kaka*.

La première, qui est une plante médicinale, a été cueillie par Welwitsch à Huilla, dans l'Angola.

HAMAMÉLIDÉES

— *Myrothamnus flabellifolia*, Welw. = Zambézie. Le *cachinde candange* des indigènes de

Pungo-Andongo et Huilla. L'infusion de ses feuilles et racines est considérée par les indigènes comme un tonique précieux.

RHIZOPHORACÉES

— *Rhizophora sps.* = Luabo, de Querimba à l'île de Mozambique. Les *Rhizophora mucronata*, Lam., et *R. Candolliana*, Arn., (palétuviers), sont très répandues aux embouchures des fleuves, d'où le nom vulgaire de *mangues da praia* (de la plage), où elles forment des forêts d'un aspect incomparable et tout à fait spécial, avec leurs racines qui émergent de la surface de l'eau. L'écorce de cet arbre est tinctoriale et contient une quantité appréciable de tanin. (Voir : *Petit Traité d'Agriculture tropicale*, par Nichols). Son bois est excellent pour la menuiserie.

COMBRÉTACÉES

— *Combretum sps.* = District de Mozambique, Rovuma, Tete, Lupata, Zambézie, Oliver. (Ouv. cit., liv. II, p. 421) décrit onze espèces de Combretum, récoltées au Mozambique par les docteurs Kirk et Meller. Welwitsch en a trouvé 28 dans l'Angola. Les espèces *C. constrictum*, Laws., *C. elœagnoides*, Klotzsch., *C. truncatum*, Welw., *C. Kirkii*, Laws., *C. holosericeum*, Sond., existent respectivement dans les deux colonies portugaises. Le *C. constrictum* est un puissant remède anthelmintique (Ficalho, ouv. cit., p. 183). Presque toutes les autres espèces fournissent un bois très recherché pour la menuiserie et l'ébénisterie.

MYRTACÉES

— *Eugenia owariensis*, P. Beauv. = Zambézie, Rovuma. Arbre fruitier dont le bois est précieux pour l'ébénisterie. On cultive un peu partout le *Jambosa australis*, D. C., et le *Psidium Guayava*, Raddi.

LYTHRARIÉES

— *Nesæa erecta*, Guill., *N. linearis*, Hiern. = District de Mozambique, Zambézie. Plante officinale, trouvée aussi par Welwitsch sur les rives du Bengo, dans l'Angola.

— *Jussiæa acuminata*, Sw. = Zambézie. Plante médicinale. Welwitsch l'a trouvée à Mossamédès.

CUCURBITACÉES

— *Trochomeria macrocarpa*, Hook. = District de Mozambique. Plante herbacée alimentaire. La variété *bracteata*, Cogn., a été signalée dans le catalogue de Welwitsch, à Golungo-Alto et Pungo-Andongo, où les indigènes lui donnent le nom de *Bumba-riachole*. Sa racine, selon les nègres, est un remède efficace pour la guérison de certaines maladies.

— *Adenopus breviflorus*, Benth. = Chire. Le *Ditanga-Sese* des indigènes de Loanda. Plante officinale comestible.

— *Luffa ægyptiaca*, Miller. = Rovuma. Plante comestible. Cultivée, selon Welwitsch, à Cazengo et Golungo-Alto.

— *Momordica Charantia*, L. = Chire. Jolie plante d'ornement et médicinale. La variété *abbreviata*, Seringe, est cultivée à Loanda et Mossamédès.

— *Cucumis sps.* Toutes les espèces de *Cucumis* existantes au Mozambique sont cultivées, en général, par les colons européens, spécialement le *Cucumis sativus*, L. (concombre) et le *Cucumis Melo*, L. (melon). Les espèces *C. metuliferus*, E. Mey., *C. Figarei*, Delile, et *C. hirsutus*, Sond., sont les plus connues au Mozambique.

— *Citrus vulgaris*, Schrad = Lupata. Le *marembe* des indigènes du Mozambique ; le *maxibua* de ceux de l'Angola. Le fruit est peu apprécié des nègres. On ne cultive le *C. vulgaris* que pour en récolter la graine, dont on extrait de l'huile. Le *C. maxima*, Duch., est cultivé exclusivement par les Européens.

OMBELLIFÈRES

— *Peucedanum fraxinifolium*, Hiern. = Maganja. Le *M' Poloné* des indigènes du Mozambique ; le *Calusange* des Angolais. Un des bois les plus précieux des forêts du Mozambique et de l'Angola. L'infusion des feuilles du *P. fraxinifolium* est considérée par les indigènes comme un remède infaillible contre les affections pulmonaires.

RUBIACÉES

— *Crossopteryx Kotschyana*, Fenzl. = Senna. Le *Muzèce* des indigènes de Zenza do Golungo.

Oliver, (liv. cit., vol. III, p. 44), vante les propriétés médicinales de cette plante, qui peuvent rivaliser avec celles des *Cinchona*. (Quinquinas).

—*Mussænda arcuata*, Poir. = Maganja. Plante officinale, qui habite aussi Cazengo et Pungo-Andongo. Le *M. erythrophylla*, Schum., est l'espèce la plus connue dans l'Angola, où les indigènes l'appellent *Diluia*.

— *Randia dumetorum*, Lam. = Lupata, Luabo. Ses fruits constituent un poison violent, que les indigènes emploient en macération pour détruire les poissons.

— *Gardenia sps.* = Zambézie, Morambala, Maganja. Les espèces les plus connues au Mozambique sont le *G. resiniflua*, — dont les nègres extraient une résine d'une certaine valeur commerciale, — le *G. Manganjæ*, Hiern, et le *G. Annæ*, P. Wright. Les indigènes de Golungo-Alto appellent *Undai* le *G. Jovis tonantis*, Hiern, que les nègres de Huilla dénomment *Morala*. Le bois de cette plante, d'un grain très fin, ressemble à celui du buis.

— *Pavetta macrosepala*, Hiern. ; *P. gracilis*, Klotzsch. = Rovuma, Senna, Lupata, Maganja, Tete. Welwitsch (liv. cit., 2e partie, p. 487) dit que les colons de Cazengo donnent le nom de *primo do café* (cousin du café) au *P. Bacomia*, Hiern. Dans l'Angola et au Mozambique on attribue des propriétés médicamenteuses à l'infusion des feuilles de plusieurs espèces de *Pavetta*.

— *Coffea arabica*, L. ; *C. zanguebariæ*, Lour. ; *C. racemosa*, Lour, *C. Ibo*. = District de Mozambique, île de Mozambique, Ibo. Welwitsch signale aussi dans l'Angola les *C. liberica*, Hart. ;

C. melanocarpa, Welw. ; *C. hypoglauca*, Welw., et *C. jasminoïdes*, Welw. On trouve le café croissant spontanément dans la région du lac Nyassa, à Ibo, sur le continent en face l'île de Mozambique et à Cazengo et Golungo-Alto (Ficalho, liv. cit., p. 199).

— *Psychotria sps.* = Nazimoïo, district de Mozambique, Zambézie, Morambala. On en a signalé 8 espèces au Mozambique ; 6 dans l'Angola. Les feuilles de quelques-uns de ces individus sont employées par les indigènes dans la préparation de certains remèdes.

COMPOSÉES

— *Vernonia sps.* = Oliver (Ouv.cit.,vol.III,p.206) a décrit 17 espèces de *Vernonia*, récoltées au Mozambique par les docteurs Kirk, Meller, Peters et Stewart, à Boror, Senna, Morambala, Chire,Zambézie, Tete et Maganja. Welwitsch en a trouvé 54 espèces ou variétés dans l'Angola. Le *V. senegalensis*, Less., est une des espèces les plus répandues dans les deux possessions. Les indigènes du Mozambique désignent toutes ces espèces sous l'appellation de *Molulu*, nom extrait du préfixe *lulu* (amer) à cause du goût amer de l'infusion des feuilles du *V. senegalensis*, remède traditionnel contre les fièvres paludéennes.

— *Grangea maderaspatana*, Poir. = Zambézie. Plante aromatique, que Welwitsch a récoltée à Loanda et Ambaca.

— *Pluchea Dioscoridis*, D. C. = Rovuma, Luabo, Inhambane. Plante aromatique, officinale, connue sous le nom de *Quitoco* par les indigènes de l'Angola.

— *Melanthera Brownei*, Schultz. = Zambézie. Le *N'garacaça* des Angolais, qui l'emploient pour les bains aromatiques.

GOODÉNIÉES

— *Scœvola Lobelia*, L. = Luabo, Zambézie. Les indigènes de l'Angola attribuent des vertus curatives à cette plante, que Welwitsch a récoltée à Ambriz, Loanda et Mossamédès.

CAMPANULACÉES

— *Sphenoclea Zeylanica*, Gœrtn. = Zambézie. Plante dont les feuilles et les tiges trouvent leur emploi dans la thérapeutique indigène.

SAPOTACÉES

— *Mimusops sps.* = Zambézie, Chire, Rovuma, Pemba. C'est cette famille des *Sapotacées* qui fournit la *gutta-percha* du commerce, en tout semblable à celle de l'*Isonandra Gutta*, Hook., de l'archipel malais.

Les *M. Mochisia*, Baker, *M. Kirkii*, Baker, *M. Fruticosa*, Bojer, sont les espèces qu'on a rencontrées au Mozambique. Dans l'Angola, — où les indigènes les désignent sous le nom de *Cafequesu*, — il y en a cinq espèces, dont deux indigènes —

le *M. Angolensis*, Engl. ; et le *M. Welwitschii*, Engl.

ÉBÉNACÉES

— *Euclea multiflora*, Hiern. ; *E. fructuosa*, Hiern. = Sofala, Tete, Zambézie. Les arbres qui produisent le vrai ébène, — le cœur du vieux tronc, — sont, selon la *Monographie* de Hiern :

Diospyros Dendo, Welw. ; *Diospyros mespiliformis*, Hochst ; *Maba Mualala*, Welw. ; *Euclea pseudebenus*, E. Mey; arbres qu'on rencontre, en grande quantité, dans l'Angola et au Mozambique. Aux différentes espèces d'*Euclea*, les indigènes de l'Angola ont donné le nom d'*emboto*. Ils nomment *mulala* le *Maba Mualala ; mulende* le *Diospyros mespiliformis ; N'dendo* le *D. Dendo*. Le *D. mespiliformis*, qu'on rencontre dans la vallée du Zambèze, est connu par les indigènes sous les noms de *kasinjantolmera* et *kaurabaça* (Dr Kirk, cité par Ficalho, liv. cit., p. 214). Le *D. mespiliformis* se rencontre encore dans les régions de Lupata et Tete. Les espèces *D. verrucosa*, Hiern. (Zambézie, Rovuma); *D. senensis*, Klotzsch (Senna, Chire) ; *D. squarrosa*, Klotzsch ; — le *Mutshenje tuna* des indigènes de Senna et Tete, — le *D. Loureiriana*, Don., — le *Nhamodéma* des indigènes de Senna, — et le *D. Kirkii*, Hiern., abondent aussi dans beaucoup de régions du Mozambique.

APOCYNÉES

— *Landolphia sps.* = Zambézie, Luabo, Cabo-Delgado. Le comte de Ficalho (Liv. cit., p. 215) est d'avis que tout le caoutchouc africain provient des plantes du genre *Landolphia* (1). Le *L. Kirkii* est l'espèce la plus répandue dans tout le Mozambique, espèce dont la richesse consiste surtout dans la facilité de coagulation du latex. Les indigènes de la vallée du Zambèze l'appellent *matire*. Le *L. florida*, Benth., habite le nord de la province, sur le littoral. Les indigènes le désignent sous le nom de *mbungu*. Une troisième espèce, le *L. Petersiana*, Kl., — le *mtolia* des indigènes, — dont le fruit est comestible, est aussi répandue dans toute la colonie. Les compagnies colonisatrices, surtout celle de Luabo, y ont introduit depuis quelques années le *Hevea brasiliensis*, le *Castiloa elastica* et le *Manihot glaziovii*, qui donnent des résultats merveilleux. Le *L. florida* (le *mutali* des indigènes) et le *L. Petersiana*, variété *crassifolia*, K. Schum., (le *rituti*, des indigènes), abondent dans l'Angola. C'est cependant le *L. owarienses*, P. Beauv., qui y est l'espèce la plus répandue et celle qui produit le latex de meilleure qualité.

— *Strophantus sps.* = Les docteurs Peters et Kirk ont signalé l'existence au Mozambique de plusieurs espèces de cette plante officinale d'une haute valeur industrielle (Voir : *Recherches sur les Strophantus*, Vincent Payrau, Paris, 1900). Le *S. Conbé* est l'espèce la plus riche en matières médicamenteuses. Le *S. intermedius*, Pax., est connu par les indigènes de Golungo-Alto, sous le

---

(1) Le caoutchouc produit dans la colonie anglaise de Lagos provient d'arbres du genre *Kicksxia*.

nom de *mosua*. Le *S. Conbé* habite les rives du Zambèze ; le *S. Petersianus* se trouve à Tete.

CONVOLVULACÉES

— *Ipomea batatas*, Lamk. = Plante très répandue chez les indigènes, cultivée par les Portugais au début de la colonisation du Mozambique, où ils l'ont probablement introduite.

SOLANÉES

— *Nicotiana tabacum*, L. = On cultive généralement cette plante dans toutes les contrées du Mozambique, à l'usage presque exclusif des indigènes. La vente du tabac en est faite en morceaux ayant la forme de nattes roulées en spirale. Le tabac du Mozambique a obtenu de hautes récompenses à l'Exposition de 1900, de la part du jury international, qui l'a déclaré de très bonne qualité (Voir le *Catalogue des produits exposés par le Portugal*, Paris, 1901, chez Aillaud).

PEDALIÉES

— *Sesamum indicum*, D. C. = Plante alimentaire dont on extrait l'huile de sésame. Elle constitue une des plus grandes sources de l'exportation de la province du Mozambique. Cette plante existait déjà dans la colonie à l'époque de la découverte du Mozambique par les Portugais. Les indigènes l'appellent *mafuta*.

PROTÉACÉES

— *Faurea speciosa*, Welw. = Oliver signale l'existence de plusieurs *Faurea*, du genre *Protea*, dont les bois sont très recherchés pour la menuiserie et l'ébénisterie.

EUPHORBIACÉES

— *Uapaca benguellensis*, Müll. = Zambézie. Les fruits de cette espèce sont comestibles. Le latex de cette *Euphorbiacée* et de quelques autres entre dans la composition du caoutchouc Angolais appelé *almeidina*. L'espèce la plus répandue dans la Zambézie est le *masuco* des indigènes (*U. kirkiana*, Müll).

— *Jatropha Curcas*, L. = Le *sassi* des indigènes, ou pignons d'Inde, dont les propriétés drastiques sont bien connues, est cultivée et plus ou moins naturalisée au Mozambique et dans l'Angola.

—*Manihot utilissima*, Pohl. = Une des plantes alimentaires les plus utiles et les plus répandues de l'Afrique, où elle constitue, comme on sait, la base principale de l'alimentation indigène. Elle a été introduite en Afrique par les Portugais, après la découverte de l'Amérique, d'où elle semble être originaire. Les indigènes du Mozambique l'appellent *mohogo* (Ficalho liv. cit., p. 255).

— *Ricinus communis*, Müll. = *L'ambona* des indigènes du Mozambique, plante officinale bien connue, qui est l'objet d'un commerce d'exportation d'une certaine importance dans les deux colonies. Elle est répandue un peu partout aux environs des centres de population blanche dans l'Angola et au Mozambique. Les feuilles du ricin possèdent des propriétés caustiques.

URTICACÉES

— *Cannabis sativa*, L. = Plante très répandue dans toute l'Afrique orientale où elle a été introduite par l'intermédiaire des Arabes. Cette plante textile, dont les graines donnent une huile appréciée, n'est cultivée par les indigènes que pour remplacer le tabac. On l'appelle *liamba* dans l'Afrique occidentale ; *bangue* dans l'Afrique orientale. L'Etat du Congo a interdit aux indigènes, sous peine de graves pénalités, l'usage de cette plante toxique en guise de tabac, puisque, dans les régions chaudes, cette plante, secrète dans ses diverses parties, un poison subtil qui agit, d'une façon tout à fait pernicieuse, sur l'économie animale. (Ficalho, liv. cit., p. 250). Dans la Zambézie on l'appelle *mutocuane*.

Faune

XII

Tous les explorateurs cités dans le chapitre précédent tentèrent maintes fois de capturer la plupart des individus qui constituent la Faune du Mozambique ; ils ne s'en occupèrent pas cependant d'une façon assez suivie. Ces tentatives ont été pour la plupart plus ou moins infructeuses ou mal dirigées. L'illustre savant qu'est le directeur du Musée Zoologique de Lisbonne, le Dr Bocage, dont la renommée est universelle, a coordonné parfois les résultats de ces efforts isolés, et préparé les matériaux d'un ouvrage qui reste à faire. C'est donc une contribution à cet ouvrage — contribution de peu de valeur, sans doute — que le travail de coordination et de recherche que nous entreprenons ici. On comprend que l'Afrique, fermée à la civilisation européenne jusqu'au XIXe siècle, n'ait permis le commencement de ses études scientifiques, d'une façon sérieuse qu'à la fin du siècle dernier.

« Fidèle à ses traditions, — écrit M. Bocage à ce sujet (*Herpétologie de l'Angola et du Congo*)

— le Portugal a, l'un des premiers, favorisé et soutenu la croisade généreuse et pacifique de la civilisation contre la barbarie. Par l'initiative et aux frais du gouvernement portugais, de hardis voyageurs et d'intrépides naturalistes ont puissamment contribué aux progrès des sciences naturelles dans cette partie du monde (1). » Sur les reptiles et les oiseaux du Mozambique, le Dr Peters, de Berlin, a déjà publié quelques données intéressantes. (*Naturwissen schaftige Reise nach Mossambique*, Berlin, 1852-1864, 6 vol.) Sur l'ornithologie de cette région, le baron Carl C. von de Decken (*Die Vogel Ost-Afrikas*) a fourni des renseignements précis que les Drs Firsch et G. Hartlaub ont recueillis et classés en 1870. Dans l'introduction de l'ouvrage tout récent du Dr A. Richenow *Die Vogel Afrikas*, (Neudamon, 1900), la question de la faune ornithologique du Mozambique est également traitée. La plus précieuse contribution à l'étude fondamentale de la faune du Mozambique a été fournie toutefois par l'ouvrage colossal de Bertolon : *Illustratio rerum naturalium Mozambice* (Nov. Com. Acad. Sc. Inst. Bononiensis, 1849). Les différentes espèces des crustacés capturés ont été déterminées par Hilgendorf. (*Deckem Reisen in Ost-Afrika*, 1869.)

Nous croyons donc faire œuvre utile, en n'utilisant que les matériaux nouveaux ou peu connus

(1) Le gouvernement portugais ordonna aide et protection aux agents de la *Royal Zoological Society* de Londres, dont le roi de Portugal est membre honoraire, dans les recherches et les chasses que cette docte compagnie fit faire dans le Mozambique (*Arrêté royal* du 8 avril 1858.)

dont nous disposons ; d'autant plus que l'énumération, même succincte, de tous les travaux déjà publiés, nous entraînerait trop loin hors des limites que nous voulons donner à cette étude, — catalogue raisonné de la faune entomologique d'une des plus riches régions agricoles et commerciales du Mozambique, et de quelques individus de la faune malacologique de la province.

En 1900, nous avons fait déterminer au Muséum d'Histoire Naturelle une petite collection d'Anthropodes du Mozambique (1).

Elle comprenait 37 espèces de Coléoptères, 1 d'Orthoptères et 18 de Lépidoptères. Ces espèces sont, pour une bonne part, des représentants très caractérisés de la faune sud-africaine. Ainsi les *Mantichora latipennis*, Wat., *Cicindela Monteroi*, Bates, *Anthia thoracica*, Fabr., *Cypholoba Ranzanii* Bert, parmi les Coléoptères carnassiers terrestres ; le *Dicranorrhina Derbyana*, Westw. parmi les Lamellicornes ; les *Moluris procrustes*, Westw., et *Psammodes Bertolonii*, Guér., ainsi

(1) Sur la demande de l'auteur, ces espèces ont été déterminées ; les arachnides par M. Simon ; les crustacés par M. Bouvier; les myriapodes par M. Brölemann; les coléoptères par M. Lesne : les lépidoptères par M. Poujade; les hyménoptères par M. Robert du Buysson.

Comme pour la flore, les espèces signalées dans la liste qui suit, habitent aussi, pour la plupart, la colonie de l'Angola. Voir sur ce sujet les travaux si intéressants de M. du Bocage : *Herpétologie de l'Angola et du Congo*, et ses études remarquables publiées dans le *Journal des Sciences Mathématiques, Physiques et Naturelles*, de Lisbonne, riche et véridique recueil de renseignements sur la faune des possessions portugaises, spécialement de l'Angola.

qu'une espèce du genre *Anomalipus*, à faciès très particulier, parmi les Hétéromères ; les *Tragocephala variegata*, Bert, et *Rhaphidopsis melaleuca* Gerst., parmi les Longicornes. Les Curculionides sont représentés notamment par plusieurs formes de *Brachycerus*, genre si richement développé dans l'Afrique australe.

D'autres types appartiennent à des genres répandus dans l'Afrique orientale, comme les *Myrmecoptera* et les *Polyhirma*, Coléoptères carnassiers aux formes élégantes, appartenant les premiers à la famille des Cicindélides, les seconds à celle des Carabides.

Enfin, un certain nombre d'espèces ont une distribution géographique étendue ; elles se rencontrent dans presque toute l'Afrique intertropicale et australe. Parmi celles-ci, citons les *Cicindela regalis* Dej., *C. nilotica*, Dej., et *C. melancholica*, F., de la famille des Cicindélides ; l'*Alindria grandis* Serv., appartenant à celle des Temnochilides : un Longicorne, l'*Anaplostetha lactator*, F. et divers Lépidoptères : *Papilio Antheus*, Cram., *P. Demoleus*, L., *P. corinneus*, Bert., *Charaxes Alson*, Hewits, et *C. Pollux*, Cram.

Les indications qui précédent montrent que cette collection présente, un certain intérêt au point de vue de l'étude de la faune entomologique africaine.

La faune entomologique du Mozambique a été en partie étudie par Klug et Gerstäcker (*Peter's, Reise nach Mossambique*). C'est cependant à M. Junod, missionnaire suisse, que revient l'honneur d'avoir recueilli la plus riche collection d'insectes des régions du sud de la province. M. Junod a été dans l'Afrique Orientale, où il a séjourné pendant sept ans, ce qu'Anchieta fut dans l'Afrique Occidentale, qu'il parcourut pendant vingt-deux ans et où il mourut. Sur les 200 espèces de papillons récoltés par M. Junod, 133 appartiennent à la zone tropicale, et 42 seulement à la faune Sud-Africaine; 25 sont des espèces locales. On suppose cependant que les formes autochtones seront en proportion plus considérable. Nous tâcherons de résumer le résultat de ses travaux, en grande partie inédits, en y ajoutant les quelques renseignements personnels que nous possédons et ceux que nous avons pu recueillir dans les musées et par l'intermédiaire de nos correspondants d'Afrique. Dans la détermination des espèces, M. Junod s'est souvent basé sur l'ouvrage remarquable de Reland Trimen (*South African Butterflies*). C'est M. Trimen qui en a classé les Lépidoptères. Jusqu'en 1889, M. Monteiro a récolté un grand nombre de Lépidoptères (1) de Lourenço-Marquès. M. Junod a capturé 184 espèces de Rhopalocères de ce district, en tenant compte que le sud de l'Afrique n'en possède que 400. Le *Papilio Morania*, les *Charaxes Phœus* et *Citheron*, la petite *Acrœa Buxtoni*, les *Euralia Walbergi* et *Deceptor* sont des espèces autochtones. Cinq autres espèces, parmi lesquelles le *Papilio Junodi*, le *Charaxes Violetta*, l'*Acrœa Macheguena*, ne se trouvent que dans la zone côtière de Lourenço-Marquès; 25 espèces tropicales atteignent seulement le district de

(1) Pour les Coléoptères, voir « *Bullet. de la Soc. Sc. nat. de Neuchatel*, vol. 27, 1899.

ce nom; 25 espèces Sud-Africaines atteignent Lourenço-Marquès ; 21 espèces sont confinées aux environs de ce district et Natal (1). Cette zone zoologique, — dit le professeur E. Bugnion (2), — possède aussi une faune coléoptérologique fort riche, aussi belle et aussi intéressante que les faunes du Brésil et de l'Inde.

---

(1) M. Distant a déterminé quelques insectes lépidoptères récoltés par M. Junod. Les orthoptères ont été déterminés par M. Finst. Le Dr Schoch de Zurich s'est chargé des cétoines. M. Grifini, du Musée de Turin, a déterminé les cybistes ; M. Régimbart, les dytiscides ; M. Fauvel, les staphylins; M. Borre certains carabides; M. Donckier les melasomes ; M. Heylaerts, les psychides ; M. Meyer de Wohlen, les buprestides; M. Bourgeois, de Sainte-Marie-aux-Mines, les lampyrides et les lycides; M. Fairmaire de Paris, les ténébrionides; M. Junod a capturé des centaines d'espèces de *Bombycidæ*, *Geometrides*, *Noctides et Microlépidoptères* non encore déterminées. Les coquilles marines et les autres productions de la mer sont à l'étude au Musée de Neuchatel. De même pour les reptiles et les amphibies.

MM. Bouvier, Oustalet, Vaillant, du *Museum d'Histoire Naturelle*, nous ont fourni des renseignements précieux, dont nous les remercions.

(2) *Bull. Soc. Vaud. Sc. Nat.*, XXXV., 132.

Rhopalocères

Fam. I. Nymphalidæ. — Sous-fam. Danainæ.

— *Danais Chrysippus*, L. = Lac Rikalta.

— *Amauris Echeria*, Stl. = Rikalta. On y trouve aussi les *A. Ochlea*, Boisd. et *A. dominicanus*, Trim.

— *Ypthima Asterope*, Klug. = Rikalta.

— *Cœnyra Hebe*, Trim. = Lourenço-Marquès, Incomati.

— *Mycalesis Safitza*, Hewits. = Frontière du Natal. On rencontre aussi les *M. Safitza* et *M. perspicua*, entre la frontière du Natal et le district de Lourenço-Marquès.

— *Melanites Leda*, L. = Littoral de Lourenço-Marquès.

SOUS-FAM. ACRÆINÆ

— *Acræa Rabbaiæ*, Ward. Forêt de Marraquène. Les *A. neobule*, Doubl., *A. violarum*, Boisd., et *A. rahira*, *A. nohara*, Boisd., *A. petræa*, Boisd., *A. Doubledayi*, Guér., *A. aglaonice*, Westw, et beaucoup d'autres espèces habitent la même région et les régions limitrophes.

— *Planema esebria*, Hewits, *P. Aganice*, Hewits. = Environs de Lourenço-Marquès et Marraquène.

SOUS-FAM. NYMPHALINÆ

— *Atella phalantha*, Drury. Même habitat.

— *Pyrameis (Vanessa) cardui*, L. = Peu commune à Lourenço-Marquès.

— *Junonia cebrene*, Trim. = Même habitat. Le *J. Clelia*, Cram., et le *J. Boopis*, Trim., y ont été aussi rencontrés.

— *Precis elgiva*, Hewits. = Lourenço-Marquès. Les *P. natalica*, *P. cuama*, *P. cloantha*, *Ceryne*, *Tuhoa*, *Archesia*, *Tugela* ont été aussi capturés dans cette région de l'Afrique du Sud.

— *Salamis anacardii*, L., *S. nebulosa*, Trim. = Ville de Lourenço-Marquès.

— *Crenis natalensis*, Boisd., *C. Boisduvali*, Wallgr., *C. Rosa*, Hewits. = Lourenço-Marquès et Natal.

— *Eurytela dryope*, Cram. = Ville de Lourenço-Marquès.

— *Hypanis ilithyia*, Drury. = Même habitat.

— *Neptis agatha*, Cram. = Dans les bois de la même région. Les *N. marpessa*, Hopff., et *N. Goochii*, Trim., y ont été aussi capturés par M. Junod.

— *Diadema misippus*, L. = Rikalta.

— *Euralia Wahlbergi*, Wallgr., *E. deceptor*, Trim. = Même habitat.

— *Pseudacræa Delagoæ*, Trim., *P. Trimeni*, Bull. = Marraquène.

— *Godartia Wakefieldi*, Ward. = Ribombo.

— *Euphædra neophron*, Hopff. = Rikalta.

— *Humanumida dœdalus*, Fabr. = Commun dans tout le district.

— *Charaxes zoolina*, Westw., *C. Neanthes*, Hewits., *C. varanes*, Cram., et beaucoup d'autres espèces. = Même habitat.

Fam. II. Lycænidæ

— *Lycæna Osiris*, Hopff, et 19 autres espèces = Rikalla.

— *Lycœnesthes Amarah*, Guér., et quatre autres espèces. = Même habitat.

— *Deudorix antalus*, Hopff, et quatre autres espèces. = Même habitat.

— *Hypolycœna cœculus*, Hopff., et quatre espèces différentes. = Même habitat.

— *Iolaus Silas*, Westw., et quatre autres espèces. = Marraquène, Antioca.

— *Myrina ficedula*, Trim. = Tembe.

— *Aphnæus Hutchinsonii*, Trim., et deux autres espèces. = Incomati.

— *Chrysorychia Amanga*, Westw. = Baixo, Incomati.

— *Zeritis Molomo*, Trim., *Z. orthrus*, Trim. = Lourenço-Marquès.

— *Pentila tropicalis*, Boisd., *P. pencela*, Smith. = Rikalla, Marraquène.

— *Durbania Amakosa.*, Trim., *D. aslauga.* Trim. = Marraquène.

— *Lachnocnema bibulus*, Fabr. = Lourenço-Marquès.

Famille des Papilionidæ

Sous-fam. Pierinæ

— *Pontia Alcesta*, Cram. = Même habitat.

— *Terias Brigitta*, Cram., et trois autres espèces. = Même habitat.

— *Mylothris agathina*, Cram. = Même habitat.

— *Pieris saba*, Fabr., et cinq espèces différentes. = Marraquène.

— *Herpæna Eriphia*, Godart.

— *Teracolus eris*, Klug., et 16 autres espèces. = District de Lourenço-Marquès.

— *Eronia Cleodora*, Hübn. ; et deux autres espèces. = Maganja.

— *Callidryas florella*, Fabr. = Lourenço-Marquès.

SOUS-FAMILLE DES PAPILIONIÆ

— *Papilio antheus*, Cram., et douze autres espèces. = District de Lourenço-Marquès. Il faut rappeller, avec M. Junod et ses érudits collaborateurs, que, sur 16 espèces sud-africaines de *Papi-*

lio, le district de Lourenço-Marquès en possède 12. Deux de ces espèces sont particulières à la forêt de Marraquène.

FAMILLE DES HESPERIDÆ

— *Pyrgus vindex*, Cram., et trois autres espèces. = Lourenço-Marquès.

— *Thymelicus Macomo*, Trim. = Même habitat.

— *Phamphila callicles*, Hewits., et dix espèces différentes. = Rikalta.

— *Ancyloxypha Mackeni*, Trim., et deux autres espèces. = Même habitat.

— *Abantis paradisea*, Bull. = Marraquène.

— *Caprona canopus*., Trim = Même habitat.

— *Pterygospidea Djælælæ*, Wallgr., et quatre autres espèces. = Même habitat.

— *Hesperia forestan*, Cram., et trois espèces différentes. = District de Lourenço-Marquès.

2. Sphingides, des mêmes localités :

— *Phlegetonius Solani*, Boisd.

— *Metopsilus Rosæ*, Bull.

— *Nephele funebris*, Fabr., et *N. viridescens*, Walk.

— *Hyloicus juniperi*, Boisd.

— *Diodosida roscipennis*., Bull.

— *Theretra Eson*, Cram. et *T. Schenkii*, Motsch.

— *Panacra orpheus*, Herr-Schæf.

— *Macroglossa trochilus*, Huber.

— *Lophura nana*, Walk.

— *Cephonodes hylus*, L.

— *Basiothea medea*, Fabr.

— *Sphinx Charis*, et *S. Balsaminœ*.

II. Orthoptères (1)

FORFICULARIA

Sphingolabis d. B.

— *Sphingolabis erythrocephala*, Ol. = Lourenço-Marquès.

BLATTODEA.

Phyllodromidæ.

Temnopteryx, Brunner.

— *Temnipteryx variegata*, nouv. esp. = Même habitat.

PANCHLORIDÆ.

Gyna, Br.

— *Gyna maculipennis*, Schaum. = Rikalta.

---

(1) Déterminés par le Dr A. Schulthess, de l'Université de Zurich.

Mantodea

Orthoderidæ.

Pyrgomantis, Gerst.

— *Pyrgomantis singularis*, Gerst. = Lourenço-Marquès.

Chiropacha, Charp.

Chiropacha maura, Stål. = Même habitat.

Mantidæ.

Polyspilota, Burm.

— *Polyspilota marmorata*, nouv. esp. = Même habitat.

Sphodromantis, Stål.

— *Sphodromantis gastrica*, Stål. = Rikalla.

Hierodula, Burm.

— *Hierodula brevipennis*, nouv. esp. = Même habitat.

Hoplocorypha, Stål.

— *Hoplocorypha macra*, Stål. = Même habitat.

Miomantis, Sauss.

— *Miomantis Saussurei*, nouv. esp., et trois autres espèces. = Même habitat.

HARPAGIDÆ.

Oxypyli.

— *Oxypyli Sibylla*, Stål., et *O. Junodia*, nouv. esp. = Même habitat.

Phyllocrania, Burm.

— *Phyllocrania paradoxa*, Burm. = Même habitat.

Pseudocreobotra, Sauss.

— *Pseudocreobotra sps.* = Lourenço-Marquès.

Harpax, Serv.

— *Harpax Tricolor*, L. = Même habitat.

Validæ.

Danuria, Stal.

Danuria Thunbergi, Stål. = Même habitat.

PHASMODEA.

Lonchodidæ.

Lonchodes, Gray.

— Une espèce nouvelle, de Lourenço-Marquès.

CLITUMNIDÆ.

Gratidia, Stål.

— *Gratidia natalis*, Westwood., et trois autres espèces. = Même habitat.

Maransis, Karsch.

— *Maransis rufolineatus*, nouv. esp. = Même habitat.

ACRIDODEA.

Tryxalidæ.

Tryxalis, Fab.

— *Tryxalis serrata*, Thbg., et une autre espèce. = Même habitat.

Orthochtha, Karsch.

— *Orthochtha dasycnemis*, Gerst., et une autre espèce = Rikalta.

Paracinema, Fisch.

— *Paracinema tricolor*, Thbg. = Même habitat.

Ochrolidia, Stål.

— *Ochrolidia brevipes*, Stål. = Même habitat.

ŒDIPODIDÆ.

Cosmorhyssa, Stål.

— *Cosmorhyssa sulcata*, Thbg. = Marraquène.

Oedaleus, Fieb.

— *Oedaleus marmoratus*, Thbg. = Même habitat.

Dittopternis, Sauss.

— *Dittopternis cœrulea*, nouv. esp. = Même habitat.

Heteropternis, Stål.

— *Heteropternis junodiana*, nouv. esp. = Même habitat.

Acrotylus, Fieb.

— *Acrotylus Junodi*, nouv. esp. = Lourenço-Marquès.

PYRGOMORPHIDÆ.

Ochrophlebia, Stål.

— *Ochrophlebia pygmæa*, Karsch. = Même habitat.

Phymateus, Thbg.

— *Phymateus Stolli*, Sauss. = Même habitat.

Taphronota, Stål.

— *Taphronota Calliparea*, Schaum. = Rikalta.

Maura, Stål.

— *Maura rugulosa*, Bol. = Même habitat.

PAMPHAGIDÆ.

Xiphocera, Latr.

— *Xiphocera æstuans*, Sauss. = Lourenço-Marquès.

ACRIDIDÆ.

Lentula, Stål.

— *Lentula obtusifrons*, Stål. = Même habitat.

Oxyrrhepes, Stål.

— *Oxyrrhepes procerus*, Burm. = Même habitat.

Mesops, Serv.

— *Mesops laticornis*, Krauss. = Même habitat.

Acridium, Serv.

— *Acridium ruficorne*, Fab., et deux espèces différentes. = Rikalla, Marraquène.

Catantops, Schaum.

— *Catantops decoratus*, Gerst., et une autre espèce. = Lourenço-Marquès.

Tylotropidius, Stål.

— *Tylotropidius gaugeri*, nouv. esp., et quatre autres espèces. = Même habitât.

LOCUSTODEA.

Phaneropteridæ.

Phaneroptera, Serv.

— *Phaneroptera nana*, Charp. = Rikalla.

Tylopsis, Fieb.

— *Tylopsis inhamata*, Karsch. = Même habitat.

Plangia, Stål.

— *Plangia graminea*, Serv. = Rikalla.

Monteiroa, Karsch.

— *Monteiroa latifrons*, Karsch.

PSEUDOPHYLLIDÆ.

Cymatomera, Schaum.

— *Cymatomera denticollis*, Schaum. = Lourenço-Marquès.

CONOCEPHALIDÆ.

Xiphidium, Serv.

— *Xiphidium natalense*, Redt. = Même habitat.

SAGIDÆ.

Clonia, Stål

— *Clonia Wahlbergi*, Stål. = Marraquène.

GRYLLODEA.

Gryllidæ.

Brachytrypes, Serv.

— *Brachytrypes membranaceus*, Drury. = Même habitat.

ÆCANTHIDÆ.

Oecanthus, Serv.

— *Oecanthus brevicauda*, Sauss. = Rikalta.

III. Hétérocères (1)

— 2 espèces de *Sésiides*.
— 10 espèces de *Zygœnides* et *Syntomides*.
— 16 espèces d'*Arctiides*.
— 11 espèces de *Psychides*.
— 10 espèces de *Liparides*.
— 15 espèces de *Bombycides*.
— 16 espèces de *Saturnides*.
— 4 espèces de *Notodontides*.
— 24 espèces d'*Hadénides*.
— 26 espèces de *Leucanides* et *Agrotides*.
— 7 espèces de *Calpides*.
— 18 espèces de *Plusiides*.
— 2 espèces d'*Héliothides*.
— 14 espèces de *Noctuophalénides*.
— 37 espèces d'*Ophiusides*.
— 13 espèces de *Toxocampides*.

(1) Nous devons ces quelques notes à M. Frédéric de Rougemont, de Neuchatel, qui a été un des collaborateurs les plus éminents de M. Junod.

— 12 espèces de *Deltoïdes*.

— 46 espèces de *Phalénides*.

— 38 espèces de *Pyralides*.

— 6 espèces de *Crambides*.

— 14 espèces de *Phycides*.

— 14 espèces de *Tortricides*.

— 7 espèces de *Tinéides*, *Hyponomeutes*, etc.(1)

(1) M. A. Butler, du Musée Britannique, a déterminé un grand nombre de ces 400 espèces, qui attestent la richesse de la faune de la région.

IV. Hémiptères (1)

— 30 espèces de *Pentatomidæ*.
— 5 espèces de *Plataspidæ*.
— 7 espèces de *Scutelleridæ*.
— 3 espèces de *Graphosomidæ*.
— 2 espèces de *Cydnidæ*.
— 3 espèces d'*Asopidæ*.
— 1 espèce de *Tessaratomidæ*.
— 2 espèces de *Dinidoridæ*.
— 3 espèces de *Phyllocephalidæ*.

Coreidæ.

— 6 espèces de *Mictidæ*.
— 2 espèces de *Petascelidæ*.
— 2 espèces d'*Homœoceridæ*.
— 2 espèces d'*Anisoscelidæ*.
— 2 espèces de *Physomeridæ*.
— 1 espèce de *Pendulinæ*.

---

(1) Déterminés par le professeur A. Montandon, de Bucarest.

— 3 espèces de *Gonoceridæ*.
— 2 espèces de *Phyllomorphidæ*.
— 1 espèce de *Micrelytride*.
— 4 espèces d'*Alydidæ*.
— 4 espèces de *Pseudophœidæ*.
— 4 espèces de *Corizidæ*.

LYGÆIDÆ

— 12 espèces de *Lygæidæ*.
— 1 espèce de *Geocoridæ*.
— 6 espèces d'*Aphanidæ*.

PYRRHOCORIDÆ.

— 5 espèces de *Pyrrhocoridæ*.

TINGIDÆ.

— 2 espèces de *Tingidæ*.

HENICOCEPHALIDÆ.

— 1 espèce d'*Henicocephalidæ*.

REDUVIDÆ.

— 1 espèce de *Tribelocephalidæ*.
— 2 espèces de *Stenopodinæ*.

— 1 espèce de *Salyavatidæ*.
— 7 espèces d'*Acanthaspidæ*.
— 4 espèces de *Piratidæ*.
— 4 espèces d'*Ectrichodidæ*.
— 11 espèces d'*Harpactoridæ*.

CAPSIDÆ.

— 2 espèces de *Capsidæ*.

MONONYCHIDÆ.

— 1 espèce de *Mononychidæ*.

BELOSTOMIDÆ.

— 2 espèces de *Belostomidæ*.

NEPIDÆ.

— 1 espèce de *Nepidæ*.

NAUCORIDÆ.

— 1 espèce de *Naucoridæ*.

Coléoptères (1)

I. CICINDELIDÆ.

— *Mantichora scabra*, Klug., et *latipennis*, Walterh. = Antioka, Incomati.

— *Bostrichophorus Bianconi*, Bertol., et une autre espèce. = Rikalta.

— *Cicindela chrysographa*, Déj., var. *Marqueza*, Per., et huit espèces différentes. = Ribombo, Mabota.

— *Euryoda alagoensis*, Per., nouv. esp. = Rikalta.

— *Prodotes fatidica*, Guér. = Même habitat.

— *Myrmecoptera Junodi*, Per., et quatre autres espèces. = Tembe.

— *Cosmema transitoria*, Per., nouv., esp., et trois espèces différentes. = Rikalta.

CARABIDÆ.

— *Calosoma planicolle*, Chaud. = Lourenço-Marquès.

---

(1) Nous devons à l'obligeance de M. le Dr E. Bugnion, de l'Université de Lausanne, quelques notes intéressantes sur les *Coléoptères* du Mozambique, dues pour la plupart, à son travail de détermination des espèces sud-africaines.

— *Hiletus oxygonus*, Chaud. = Même habitat.

— *Hexagonia terminalis*, Gemm. = Rikalta.

— *Cansonia alagoensis*, Per. (1), *dorsalis*, Per., *suturalis*, Per. = Même habitat.

— *Stenidia elegantula*, Per., *jucunda*, Per., *fraterna*, Per. = Marraquène, Lourenço-Marquès.

— *Drypta ruficolis*, Dej., *D. distincta*, Rossi. = Même habitat.

— *Dendrocellus Australis*, Per. = Rikalta.

— *Galerita leptodera*, Chaud. = Même habitat.

— *Planetes limbatus*, Per. ; *quadricollis*, Chaud. = Lourenço-Marquès.

— *Pheropsophus Dregei*, Chaud., *fastigiatus*, L. = Même habitat.

— *Brachinus algoensis*, Pér., et six espèces différentes. = Ile des Papyrus.

— *Callida grata*, Per., *fasciata*, Dej., et *capensis*, Chaud. = Lourenço-Marquès.

— *Lipostratia elongata*, Bohem = Même habitat.

— *Klepsiphrus pugnax*, Per., et une autre espèce. = Rikalta.

— *Arsinoe quadriguttata*, Cast. = Même habitat.

— *Astata tetragramma*, Chaud. = Même habitat.

— *Catascopus rufofemoratus*, Chaud. = Même habitat.

---

(1) Presque toutes les espèces décrites par M. Peringuey sont nouvelles.

— *Tetragonoderus sericatus*, Dej., *scitulus*, Boh., = Lourenço-Marquès.

— *Graphipterus fraternus*, Per., et sept autres espèces. = Tembe, Antioka, Rikalta.

— *Piezia axillaris*, Brullé., et 3 autres espèces. = Tembe.

— *Eccoptoptera mutilloides*, Bertol. = Lourenço-Marquès.

— *Polyhirma scrobiculata*, Bertol., et sept autres espèces. = Rikalta.

— *Anthia cephalotes*, Guérin., et sept autres espèces et variétés. = Antioka, Rikalta.

— *Morio Guineensis*, Imhof. = Rikalta.

— *Scarites nigritus*, Bohem., et *æstuans*, Klug. = Même habitat.

— *Tæniolobus piciocornis*, Dej. = Même habitat.

— *Clivina Caffra*, Put., et *perplexa*, Per. = Même habitat.

— *Anisodactylus harpalinus*, Pér. = Marraquène.

— *Pseudoselenophorus imitator*, Pér. = Rikalta.

— *Hypolithus tomentosus*, Dej., et trois autres espèces. = Antioka, Marraquène.

— *Harpalus dorsiger*, Klug., et plusieurs autres espèces non encore déterminées. = Ile des Papyrus.

— *Lonchosternus semistriatus*, Schh., et *sublævis*, Reiche. = Rikalta.

— *Bœmimetes ephippium*, Bohem. = Même habitat.

— *Stenolophus interruptus*, Chauv., et trois autres espèces. = Même habitat.

— *Acupalpus pallidus*, Bohem. = Marraquène.

— *Tefflus Delegorguei*, Guérin., *T. carinatus*, Klug. = Antioka.

— *Eudema impictum*, Bohem., et trois autres espèces. = Même habitat.

— *Microcosmus lœtiusculus*, Chaud. = Rikalta.

— *Dischissus amœnulus*, Pér. = Même habitat.

— *Euschizomerus Junodi*, Pér. = Même habitat.

— *Chlœnius lugens*, Chaud., et dix-huit autres espèces. = Lourenço-Marquès.

— *Callistomimus insuctus*, Per. = Rikalta, Marraquène.

— *Oodes palpalis*, Klug., et deux espèces différentes. = Lourenço-Marquès.

— *Rhembus capensis*, Per. = Même habitat.

— *Melanodes ebeninus*, Erichs. = Même habitat.

— *Somoplatus substriatus*, Dej. = Rikalta.

— *Abacetus palustris*, Per., et trois autres espèces. = Même habitat.

— *Platinus natalensis*, Bohem. = Même habitat.

— *Euleptus albicornis*, Pér., et *gracilis*, Pér. = Même habitat.

CYRINIDÆ. DYTISCIDÆ. HYDROPHILIDÆ.

— *Aulonogyrus Sharpi*, Regim., et *caffer*, Aubé. = Lourenço-Marquès.

— *Herophydrus gigas*, Regimb., et *guineensis*, Aubé. = Même habitat.

— *Hyphydrus impressus*, Klug., et *H. frater*, Regimb. = Rikalla.

— *Canthydrus biguttatus*, Regimb. = Même habitat.

— *Hydrocanthus ferruginicollis*, Regimb., et *micans*, Wehncke. = Même habitat.

— *H. Mocqueryzi*, Regimb. = Marraquène.

— *Hydaticus leander*, Rossi., *H. bivittatus*, Laporte. = Même habitat.

— *Cybister binotattus*, Klug., et huit espèces différentes. = Lac Monguane.

— *Stethoxus aculeatus*, Déj. = Même habitat.

— *Hydrochares mundus*, Boh. = Lourenço-Marquès.

— *Sternolophus Solieri*, Cat. = Rikalla.

— *Amphiops lusidus*, Fabr. = Même habitat.

— *Globaria sps.*, voisine du *G. Leachi*, Latr., et deux autres espèces. = Même habitat.

STAPHYLINIDÆ (1).

— *Myrmedonea marginicollis*, Er. = Rikalla.

— *Philonthus sanguineus*, Fauv., et deux autres espèces. = Même habitat.

— *Phœderus capensis*, et trois espèces différentes. = Marraquène.

— *Atheta mucronata*, Kraatz. = Même habitat.

(1) Déterminés par M. Fauvel, de Caen.

— *Oxytelus alutaceus*, Woll. = Ile des Papyrus.

PAUSSIDÆ.

— *Pentaplatarthus natalensis*, Westw. = Rikalla.

SILPHIDÆ.

— *Silpha micans*, Fabr. = Même habitat.

NITIDULIDÆ.

— *Carpophilus ochropterus*, Klug. = Même habitat.

DERMESTIDÆ.

— *Dermestes vulpinus*, F. = Même habitat.

SCARABOEIDÆ.

— *Ateuchus infernalis*, Klug., et *A. Lamarchi*, Mac Leay. Nom indigène : *Gadlène*. = Lourenço-Marquès.

— *Gymnopleurus senescens*, F r. = Même habitat.

— *Chalconotus cupreus*, Fabr. = R'kalla.

— *Coptorrhina Klugi*, Hope. = Marraquène.

— *Heliocopris Neptunus*, Bohem. = Antioka.

— *Copris Orion*, Klug., *latifrons*, Harold., et *nemestrinus*, Fabr. = Rikalta.

— *Onites fodiens*, Bohem., et *sphinx*. = Lourenço-Marquès.

— *Pedaria cuprascens*, Harold. = Même habitat.

— *Ontophagus tenuicornis*, Klug., et quatre autres espèces. = Même habitat.

— *Oniticellus pallidus*, Pér., et deux autres espèces. = Antioka.

— *Aphodius maculicollis*, Reiche. = Même habitat.

— *Hybosorus Illigeri*, Reiche. = Rikalta.

— *Trochalus plagiger*, Pér., et deux autres variétés. = Même habitat.

— *Oryctes Boas*, Fabr. = Même habitat.

— *Eudicella* (1) *Smithi*, Mac Leay. = Rikalta.

— *Dicranorrhima derbyana*, Westwood., et une autre espèce. = Marraquène.

— *Amaurodes Passerini*, Westwood. = Tembe.

— *Genyodonta flavomacullta*, Burm. = Rikalta.

— *Smaragdesthes subsuturalis*, Kraatz. = Même habitat.

— *Dyspilophora trivittata*, Schaum. = Marraquène.

— *Stethodesma Servillei*, White, et une variété. = Même habitat.

— *Pseudoclinetria permutans*, Burm. = Ribombo.

---

(1) Espèces déterminées par le Dr Schoch.

— *Pachnoda marginella*. Fabr., et deux autres espèces. = Lourenço-Marquès.

— *Rhabdotis aulica*, Oliv. = Rikalta.

— *Elaphinis mutabilis*, Jans., deux espèces et une variété. = Même habitat.

— *Micrelaphinis maculata*, Schoch. = Même habitat.

— *Gametis balteata*, De Geer. = Lourenço-Marquès.

— *Aplasta dichroa*, Schaum. = Même habitat.

— *Clinteria suavis*, Burm. = Rikalta.

— *Phoxomela umbrosa*, G., et une autre espèce. = Même habitat.

— *Leucocelis æneicollis*, Schaum., et quatre autres espèces. = Même habitat.

— *Microthyrea amabilis*, Schaum. = Lourenço-Marquès.

— *Diplognatha silicea*, Leay. = Même habitat.

— *Poecilophila hebræa*, Oliv. = Rikalta.

— *Macroma cognata*, Schaum. = Marraquène.

— *Cymophorus leucostictus*, Schaum. = Même habitat.

— *Hoplostomus fuliginosus*, Oliv. = Même habitat.

— *Trichostetha algoensis*, Per., et trois autres espèces. = Rikalta.

— *Lossogenius conspersus*, Burm. = Même habitat.

BUPRESTIDÆ.

— *Sternocera orissa*, Buquet. = Tembe.

— *Steraspis amplipennis*, Fahr, et deux autres spèces. = Rikaltá.

— *Chrysochroa Peteli*, Gory. = Même habitat

— *Chrysodema pubiventris*, Cast., et trois au res variétés. = Même habitat.

— *Psiloptera bioculata*, Oliv., quatre espèces ifférentes et une variété, ainsi que trois espèces on déterminées. = Même habitat.

— *Sphenoptera splendidula*, Cast., et trois au res espèces. = Marraquène.

— *Belionota canaliculata*, Fabr. = Même habiat.

— *Chrysobotris dorsata*, Fabr. = Rikalta.

— *Discoderes Mechoné*, Per., et cinq autres es ièces, dont trois ne sont pas encore déterminées = Même habitat.

— *Agrilusgrandis*, Cast., et deux autres espè es. = Marraquène.

ELATERIDÆ.

— Le plus remarquable des Elatérides de cette égion, — dit M. Junod, — est le gigantesque *Te ralobus flabellicornis*, Fabr., que les natifs ap ellent : *Chitambéla-andlopfu.*

LAMPYRIDES.

— *Lampyris marginipennis*, Bohem., et une au re espèce. = Lourenço-Marquès.

— *Lycus constrictus*, Fahr, et quatre espèces différentes. = Même habitat.

TENEBRIONIDÆ.

— *Pogonobasis cribrata*, Gerst. = Rikalta.

— *Machla interrupta*, Fairmaire, n. esp. = Même habitat.

— *Asida fallaciosa*, Fairmaire, esp. n. = Même habitat.

— *Psammodes Bertolonii*, Guérin., et cinq espèces différentes, parmi lesquelles deux nouvelles — le *P. Junodi*, Fairmaire., et le P. *cinctipennis*, Fairmaire.

— *Trachynotus griseus*, Fähr. = Pinetown.

— *Distretus inæqualis*, Fairm. = Rikalta.

— *Oncotus bistriatus*, Fairmaire, n. esp. = Même habitat.

— *Gonopus sulcatus*, Sol. et une autre espèce. = Lourenço-Marquès.

— *Anomalipus elephas*, Fahr., et quatre espèces différentes. = Antioka.

— *Hopatrum micans*, Gerst. = Rikalta.

— *Ceropia Romandi*, Cast. = Même habitat.

— *Cyrtotyche Rikaltæ*, Per., n. esp. = Rikalta.

— *Acastus segnis*, Pér. = Même habitat.

— *Amiantus multicostatus*, Fairm., n. esp. ; *octocristatus*, Fairm., n. esp. = Rikalta.

— *Micrantereus scaberrimus*, Fairm., et quatre espèces différentes, parmi lesquelles une n. esp., le *M. externus*, Fairm. = Marraquène.

— *Himatismus patruelis*, Bertol. *H. Tessalatus*. Gerst. = Rikalla.

— *Eupezus longipes*, Fairm., et une autre espèce. = Même habitat.

LAGRIDÆ.

— *Lagria æruginea*, Gers., et plusieurs espèces de plus petite taille. = Rikalla.

CANTHARIDÆ.

— *Lytta strangulata*, Gerst., et deux autres espèces. = Lourenço-Marquès.

— *Mylabris tricolor*, Gerst., et dix autres espèces et variétés. = Antioka, Rikalla.

CURCULIONIDÆ.

— *Microcerus parallelus*, Per. = Rikalla.

— *Ellimenistres læsicollis*, Fahr. = Même habitat.

— *Hipporhinus talpa*, Fähr., et deux autres espèces. = Lourenço-Marquès.

— *Brachycerus granosus*, Per., et quatre espèces différentes. = Sur les bords du Haut-Zambèze (1).

— *Lixus spectabililis*, Klug. = Rikalla.

---

(1) Les indigènes s'en mettent dans les cheveux pour se débarrasser de leur vermine (Junod).

— *Alcides affinis*, Fahr. = Même habitat.
— *Alpion anguicolle*, Gylh. = Rikalta.
— *Attelabus dromedarius*, Pér. = Même habitat.
— *Rhina Afzelii*, Fähr. = Lourenço-Marquès.
— *Sclerocordius africanus*, Bohem. = Même habitat.

BRENTHIDÆ.

— *Ceocephalus picipes*, Oliv. = Rikalta.

ANTHRIBIDÆ.

— *Phloeotragus sps.* = Lourenço-Marquès.

BRUCHIDÆ.

— *Caryoborus cruciger*, Stephens. = Rikalta.
— *Bruchus sps.* = Même habitat.

CERAMBYCIDÆ.

Prioniens

— *Tithoes maculatus*, Fabr. = Rikalta.
— *Macrotoma palmata*, Fabr., et *M. natala*, Thoms. = Marraquène.
— *Aulacopus natalensis*, White., et *A. mossambicus*, Dist., nouv. esp. = Marraquène.
— *Mallodon Dolcnesi*, Hope. = Même habitat.

— *Xystrocera erosa*, Pasc. = Frontière du Transvaal.

— *Bolbotritus Bainesi*, Bates. = Rikalla.

— *Plocederus hamifer*, Bates. = Lourenço-Marquès.

— *Tapinolachnus Gylenhali*, Fähr. = Frontière du Transvaal.

— *Pachydissus natalensis*, White. = Antioka.

— *Hesperophanes amicus*, White. = Même habitat.

— *Cordylomera Schönherri*, Fähr. = Même habitat.

— *Hercodera marginata*, Dist. = Rikalla.

— *Eugoa Dalmanni*, Fahr. = Même habitat.

— *Compsomera speciosissima*, Gerst. = Tembe.

— *Callichroma melamiantha*, White. = Rikalla, et une autre espèce capturée à Marraquène.

— *Philematium natalense*, Bates. = Rikalla et une autre espèce capturée à Lourenço-Marquès.

— *Hypatium Friesi*, Fähr. = Rikalla.

— *Oxyprosopus Junodi*, Dist., et *O. Delagoæ*, Dist., deux nouv. esp. = Lourenço-Marquès.

— *Polygonus clavicornis*, Fahr. = Tembe.

— *Litopus dispar*, Thoms. = Frontière du Natal.

— *Promeces chalybeatus*, White., et *P. Viridis*, Pascoe. = Lourenço-Marquès.

— *Hypocrites tenuis*, Bates. = Même habitat.

— *Ergenius plumatus*, Fähr., et plusieurs autres espèces de petites cérambycides non déterminées.

— *Clytus Westringi*, Föhr. = Lourenço-Marquès.

— *Calanthemis myops*, Thoms. = Même habitat.

— *Philagathes laetus*, Thoms. = Rikalta.

Apiogaster mahota, Dist., nouv. esp. = Tembe.

— *Amphidesmus analis*, Oliv. = Rikalta

— *Anthores leuconatus*, Pasc. = Même habitat.

— *Lophetera asperula*, White. = Lourenço-Marquès.

— *Laziopezus longimanus*, Thoms., et une autre espèce. = Même habitat.

— *Coptops fusca*, Oliv. = Rikalta.

— *Anoplostetha lactator*, Fabr. = Lourenço-Marquès.

— *Zoographus niveosparsus*, Chevrol, et une autre espèce. = Gaza.

— *Timoreticus armaticeps*, Per., genre et esp. nouveaux et une autre espèce. = Rikalta.

— *Sternotomis mozambica*, Per. = Rikalta.

— *Dinocephalus ornatus*, Pér. = Lourenço-Marquès.

— *Tragocephala variegata*, Bertol., et une autre espèce. = Même habitat.

— *Tragiscoschema amicta*, Dist. = Rikalta.

— *Rhaphidopsis melaleuca*, Gerst. = Même habitat.

— *Ceroplesis militaris*, Gerst., et une autre espèce. = Même habitat.

— *Pycnopsis brachyptera*, Thoms. = Tembe.

— *Cymatura bifasciata*, Gerst., *spumans*, Guér. = Même habitat.

— *Olenecamptus tesselata*, Dist., nouv. esp. = Lourenço-Marquès.

— *Crossotus æthiops*, Dist. = Antioka.

— *Dichostates concretus*, Pascoe. = Même habitat.

— *Hecyrida terrea*, Bertol. = Lourenço-Marquès.

— *Stenias Mioni*, Guér. = Même habitat.

— *Apomecyna binubila*, Pascoe. = Rikalta.

— *Apheniastus bella*, Dalm. = Lourenço-Marquès.

— *Volumnia Westermanni*, Thoms. = Même habitat.

— *Moraegamus globiceps*, Harold. = Rikalta.

— *Nitocris abdominalis*, Fahr., et quatre autres espèces. = Même habitat.

— *Blepisanis exilis*, Pascoe. = Lourenço-Marquès.

CHRYSOMELIDÆ.

— *Sagra bicolor*, Lac., et une autre espèce. = Lourenço-Marquès.

— *Lema rufipennis*, Lac., et sept autres espèces du même genre. = Rikalta.

— *Diapromorphida trifida*, Lac., et deux espèces différentes. = Lourenço-Marquès.

— *Melitonoma lepida*, Lac. = Même habitat.

— *Callomorpha Bohemanni*, Pér. = Même habitat.

— *Colasposoma thoracicum*, Per., et deux autres espèces. = Rikalla.

— *Cerochroa ruficeps*, Gerst. = Rikalla.

— *Ceralces ferrugineus*, Gerst. = Même habitat.

— *Cladocera femoralis*, Gerst. = Marraquène.

— *Polyclada pectinicornis*, Oliv., et plusieurs autres espèces. = Lourenço-Marquès.

— *Galerucella griseosericans*, Thoms. = Même habitat.

— *Apophylia nobilitata*, Gerst., et une autre espèce. = Rikalla.

— *Monolepta bifasciata*, Fabr., et une espèce différente. = Même habitat.

— *Balyania algoensis*, Pér. = Lourenço-Marquès.

— *Hispa fallaciosa*, Pér., et deux autres espèces. = Même habitat.

— *Cassida litigiosa*, Bohem., et plusieurs autres espèces. = Même habitat.

— *Aspidomorpha corrugata*, Sahlb. = Rikalla.

COCCINELIDÆ.

— *Epilachna hirta*, Thumb. = Marraquène.

— *Halyzia variegata*, Fabr. = Rikalla.

— *Alezia Olivieri*, Gerst. = Même habitat.

Mollusques marins (1)

MOLLUSQUES MARINS DE LA BAIE DE LOURENÇO-MARQUÈS

— *Tapes paupercula*, Ch., *T. Venus*, Ch.

— *Arca tortuosa*, L., *A. natalensis*, Kr., *A. Scapha*, Ch., *A. decussata*.

— *Barbatia decussata*, Sow.

— *Cardium asiaticum*, Brug.

— *Ostrœa cucullata*, Bom.

— *Bulla ampulla*, L.

— *Nerita albicilla*, L.

— *Neritina natalensis*, Rew.

— *Pyrula paradisiaca*, Mart., var. *mutica*.

— *Oliva inflata*, Lam.

---

(1) Nous avons la bonne fortune, grâce à M. le professeur Paul Godet, du Musée de Neuchatel, de pouvoir indiquer ici un grand nombre d'espèces de la faune malacologique du Mozambique dont on n'a encore parlé nulle part. Il s'agit toujours des envois de M. Junod, le savant missionnaire, qui a déjà rendu de si grands services à la science.

— *Nassa arcularia*, L., var. *Rumphii*, et *N. Rumphii*.

— *Cuma thiarella*, Lam.

— *Pisania contracta*, Kew.

— *Cypræa miliaris*, Kew., *C. Lamarkii*, Gr., *C. Oxyx*, L.

— *Potanides palustris*, L., *P. Natalensis*, Kob.

— *Cerithium moniliferum*, Kew.

— *Naiicapapyracea*, v. d. B., *imperforata*, Gr., *lurida*, Ph., et *vestalis*, Ph.

— *Litorina scabra*, L., var. *intermedia*, *glabrata*, Ph., et *arboricola*, Kew.

— *Melongena paradisiaca*, Mart.

— *Melania coacta*, Meusch. Les indigènes s'en nourrissent.

— *Vivipera capillata*, Frauenf.

— *Lanistes olivaceus*, Sow., var. *ambiguus*. Nom indigène : *Chibiadia*.

— *Cyclostoma ligatum*, Müll.

— *Mutela Petersii*, Mart.

Mollusques terrestres

— *Aerope caffra*, Fér., var. *Wesseliana*. = Rikalla.

— *Achatina panthera*, Fér., var. *Minor*, et une autre espèce. = Même habitat.

— *Livinhacia Kraussi*, Pf., et autres espèces. = Lourenço-Marquès.

— *Buliminus Mozambicensis*, Pf., et deux autres espèces. Nom indigène : *Añquaqua*. = Rikalla.

— *Limnœa natalensis*, Kr. = Rikalla.

— *Physa natalensis*, Kr. = Lac Monguano.

— *Siphonaria oculus*, Kr. = Lourenço-Marquès.

Echinodermes

— *Temnopleurus japonicus*, Mart. (1). = Rikalla.

---

(1) Cette détermination du professeur Martens, de Berlin, étonne, à juste raison, les naturalistes qui confondaient cette espèce avec le *T. Toreumaticus*. Ag. Le savant M. Godet, nous écrit que la chose parait en effet assez singulière; mais il s'incline devant l'autorité du déterminateur. En effet, on comprend difficilement comment une espèce du Japon peut se rencontrer sur la côte d'Afrique, dont elle est séparée (Voir : *Mollusques de Delagoa*, Godet) par le domaine propre du *T. Toreumaticus*, qui appartient à l'Océan Indien.

Reptiles

CHÉLONIENS.

— *Chersina angulata*, Gr. = Lourenço-Marquès.

SAURIENS.

— *Chamæleon Petersii*, Gr. = Lourenço-Marquès.

— *Agama aculeata*, Mer., *mossambica*, Pt. = Même habitat.

— *Acontias sps.* = Rikalla.

— *Memidactylus frenatus*, Schl. = Même habitat.

— *Platydactylus bibroni*, Pt., *ocellatus*, Opp. = Même habitat.

OPHIDIENS.

— *Typhlops Schlegelii*, Bianc. = Rikalla.

— *Typhlosaurus aurantiacus*, Pt. = Même habitat.

— *Uriechis atriceps*, Pt. — Lourenço-Marquès.

— *Homalosoma lutrix*, L. = Même habitat.

— *Psammophylax multimaculatus*, Sm. = Rikalla.

— *Psammophis crucifer*, Daud., et *irregularis*, Fsch. = Même habitat.

— *Rhachiodon scaber*, L. = Même habitat.

— *Dendrophie melanostigma*, Jan. = Marraquène.

— *Bucephalus typus*. = Rikalla.

— *Lycophidion Horstocki*. = Même habitat.

— *Bœdon capensis*, D. B., *quadrilineatus*, D.,B. var. *variegatus*, Jan. = Lourenço-Marquès.

— *Aspidelaps scutatus*, Ld. = Même habitat.

Amphibies (Batraciens)

— Plusieurs espèces appartenant aux genres *Rana*, *Bufo*, *Xyla*, etc., non encore déterminées (1).

---

(1) Ces espèces et quelques autres d'oiseaux et mammifères sont à l'étude au Musée de Neuchâtel.

Oiseaux

— *Parra africana*, L. = Rikalla.

Mammifères

— *Mus natalensis*, L. = Lourenço-Marquès, et deux exemplaires du genre *Rat*, qui doivent être notre *Mus Decumanus*, L.

CONCLUSION

XIII

Le budget de la province du Mozambique, qui présentait un *déficit* de 33 *contos de reis* dans l'exercice de 1902-1903 (recettes : 3.094 *contos ;* dépenses : 3.126 *contos*) a vu, en 1903-1904, les recettes dépasser les dépenses de plus de 700 *contos !* Dans l'exercice courant, les dépenses du Mozambique sont évaluées à 3.271 *contos* et les recettes à 4.005 *contos.* Il y a donc un excédent de recettes de 734 *contos*, que le gouvernement appliquera encore aux travaux, déjà très avancés, du magnifique port de Lourenço-Marquès.

De ce chef, cette grande colonie portugaise, qui était, encore en 1898, une charge pour la métropole, — à cause des guerres successives qu'il a fallu y faire, — est aujourd'hui une des plus prospères de ses possessions d'Afrique, et a une tendance manifeste à développer ses richesses extraordinaires par l'exploitation, à peine initiée, de son sol si fertile.

Le Portugal, tout en regardant avec une certaine méfiance les progrès accomplis dans les colonies limitrophes de l'étranger, a donc réalisé une œuvre colossale de profond patriotisme et de grande sagesse, en tirant parti, — avec une hâte que les circonstances exigeaient, — d'une de ses possessions africaines du plus bel avenir. Les chiffres que nous avons indiqués ne seront pas, pour beaucoup de coloniaux, un sujet d'étonnement ni de surprise. Ils n'attestent pas moins l'activité colonisatrice des Portugais, à l'époque actuelle.

Quand on aura compulsé la série de données officielles et de chiffres statistiques qui entrent dans la composition de ce travail, on sera forcé d'en déduire deux conclusions bien nettes : 1° Que le Portugal a fait au Mozambique ce qu'aucun autre pays, étant données sa population et sa richesse publique, n'aurait jamais mieux fait ; 2° Que la race colonisatrice qui s'impose par une si éclatante série d'exploits et de travaux civilisateurs, a droit, sans conteste, à la plus haute considération universelle. Deux grandes étapes historiques caractérisent, en effet, la vie de ce peuple extraordinaire, vie admirable de persévérance et d'audace qui se résume entière dans son épopée coloniale et maritime : la période des découvertes et la période de la mise en valeur de ses vastes territoires d'outre-mer.

Et, si la première de ces époques a émerveillé le monde par la grandeur épique de son audace guerrière ; la deuxième s'impose sans doute à la conscience des nations, parce qu'elle est l'œuvre grandiose du travail pacifique ; parce qu'elle représente l'effort suprême d'un petit peuple de colons, travaillant, sans relâche, à conserver un héritage qui, tout en étant réellement glorieux, n'en comporte pas moins de graves et nombreuses responsabilités.

ERRATA

Page	*Ligne*	*Au lieu de*	*Lire*
43	12	Servido	Service
51	32	Caza	Gaza
96	19	maxima	maximum
102	29	Peter	Peters
103	7	du Mozambique	au Mozambique
109	14	*Zambezi*	*Zambezia*
124	29	*Erythropleum guineense*	*Erythropheum guineense*
144	30	étudie	étudiée
145	17	Reland	Roland
146	12	Regimbert	Regimbart
201	7	Ferme	Femme

TABLE DES MATIÈRES

Table des Cartes et Gravures

Imp. Centrale de la Bourse.
Alcan-Lévy, 117, rue Réaumur, Paris, 2e.

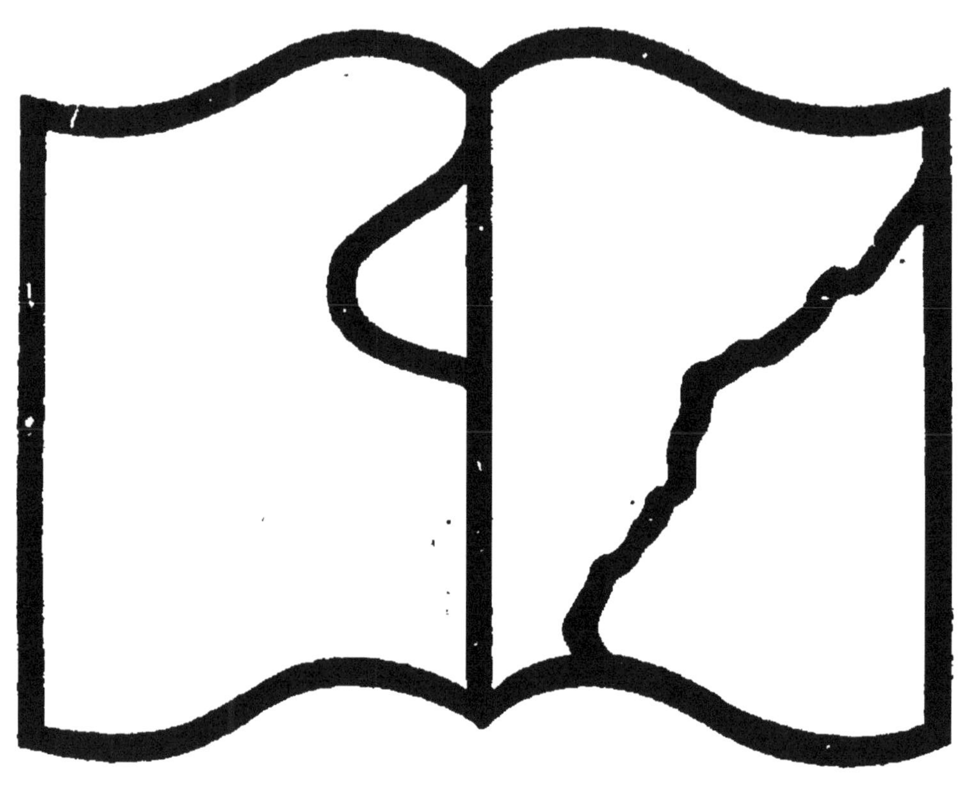

Texte détérioré — reliure défectueuse

NF Z 43-120-11

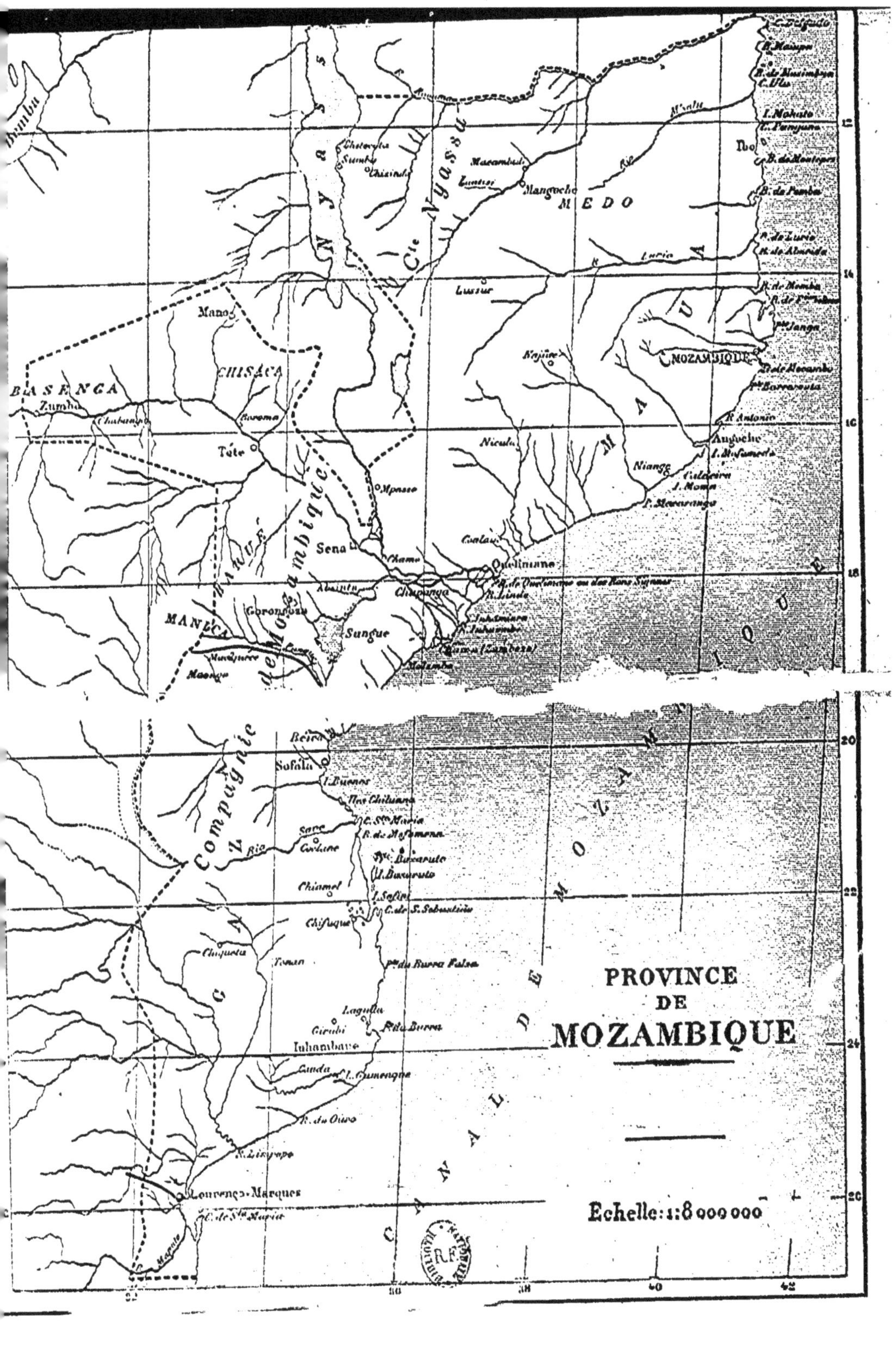
PROVINCE
DE
MOZAMBIQUE
Echelle: 1:8 000 000
CANAL DE MOZAMBIQUE
Cie Nyassa
Compagnie de Mozambique
MOZAMBIQUE
Quelimane
Sena
Tete
Sofala
Inhambane
Lourenço-Marques
Angoche
Ibo
Mangoche
MEDO
NYASSA
MANICA
CHISACA
BASENGA

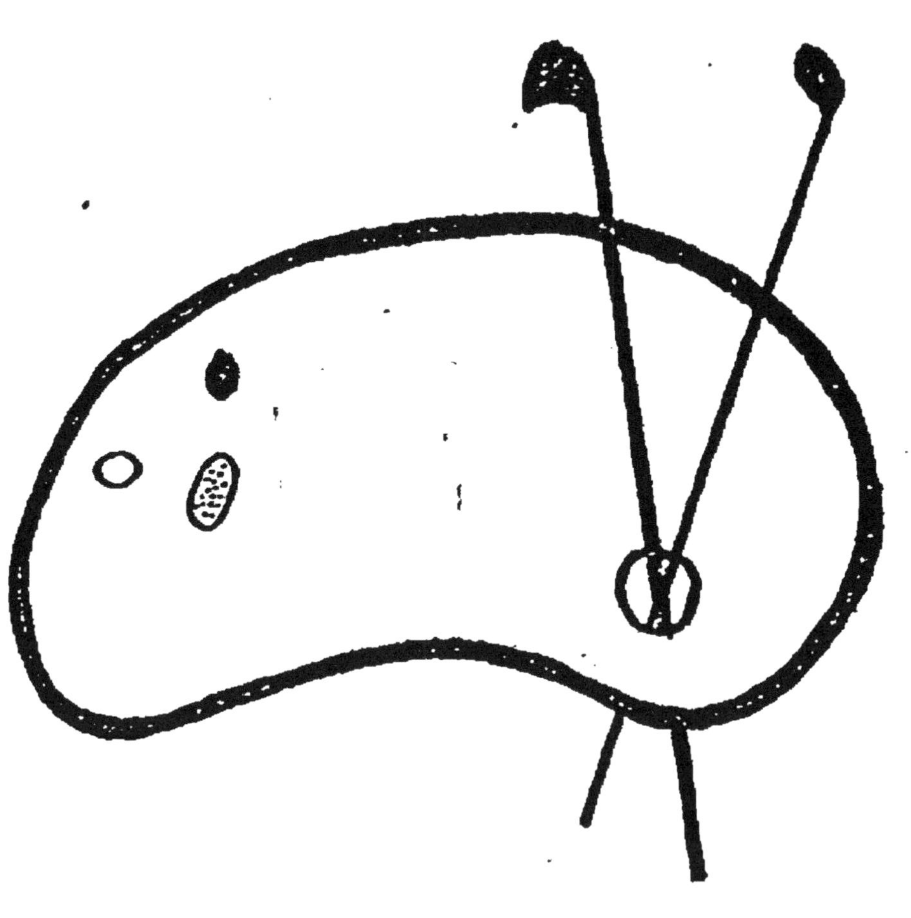

www.ingramcontent.com/pod-product-compliance
Ingram Content Group UK Ltd.
Pitfield, Milton Keynes, MK11 3LW, UK
UKHW020210250726
13967UKWH00003B/1389